國語國文學叢書 014

二倫行實圖

JN435496

학자원

국어국문학총서 14

二倫行實圖 異本 三種

2017년 7월 25일 초판 1쇄 발행

저　자 : 金安國
펴낸이 : 김병환
펴낸곳 : 학자원
주　소 : 134-814 서울시 강동구 천호대로 1121
전　화 : 02) 6403-1000
팩　스 : 02) 6338-1001
E-mail : hakjaone@daum.net
등　록 : 2011년 3월 24일 제324-2011-14호

HAKJAONE Publishing Co.
1121 Cheonho-Daero Kangdong-Gu Seoul

ISBN : 979-11-87806-37-0 93810

값 35,000원

二倫行實圖序

天生蒸民有物有則該而目之為五倫撮而揭之為三綱皆根於人心之所固有天理之所當然其曰倫曰綱非有二也

本朝三綱行實之書既廣布中外人人皆知忠臣孝子烈婦之行為可仰也莫不感激奮礪以興起其善心獨於長幼朋友二倫未之見焉今慶尚道觀察使金公諱安國嘗在政院入侍

經幄請撰二倫行實添續三綱以備觀感

上可之下禮曹令設局撰進
命未及行而公出按于南首囑前司譯院正曺
伸撰集歷代諸賢處長幼交朋友其行跡
可爲師法者得若干人於兄弟圖附宗族
於朋友圖附師生紀事圖贊諺譯悉傚三
綱行實刊于金山郡請余爲序余受而讀
之爲之言曰書曰立愛惟親立敬惟長始
于家邦終于四海曾子曰君子以文會友
以友輔仁蓋敬長所以廣其悌也取友所
以輔其德也將使一國之人人人興於悌

以敬其長則風俗其不厚乎人人取其友以輔其德則善人其不衆乎風俗厚則上下安善人衆則治道進然則是書自當與

三綱行實並行於世為

聖朝教化之基本豈不義歟恭惟我

主上殿下聖智天縱日與賢士大夫討論經史講劘治道莫不以教化為致治之先務公能上體

聖意賦政之初汲汲焉編輯是書刊行州里以扶植彝倫為化民之本而躬率礪師生以

考其德業旁搜孝行貞烈之卓異者聞于
上而旌表之又令慶州安東等五邑刊書籍之
有關於治道者凡十一其曰童蒙須知正
蒙養也曰口訣小學培根本也曰三綱二
倫行實明人倫也曰性理大全崇正學也
曰諺解正俗諺解呂氏鄉約正鄉俗也曰
諺解農書蠶書敦本業也曰諺解瘡疹方
辟瘟方救夭札也此雖未足以盡公之善
而然因此可以見公之學問抱負大有以
異於人也噫世之觀是書者其皆以公之

心爲心勉之哉正德戊寅三月日晉川姜

渾書于晉之東皐村舍

二倫行實圖目錄

兄弟

元定對揭

二倫行實兄弟圖

윗나라공ᄌᆞ슈ᄂᆞᆫ션공이란
님금의아ᄃᆞ리니태ᄌᆞ급의비
다ᄅᆞᆫ어믜게난아이오공ᄌᆞ
삭이와ᄒᆞᆫ어믜게난형이라
그어미삭이와ᄢᅬᄒᆞ야태ᄌᆞ
ᄅᆞᆯ주기고쉬ᄅᆞᆯ셰요려ᄒᆞ야
사ᄅᆞ므로ᄒᆞ야태ᄌᆞ와ᄇᆡ타
가다가므레드리텨주기려
ᄒᆞ거늘쉬알리ᄃᆡ몯ᄒᆞ야조
차그ᄇᆡ로타가니몯주기니
라ᄯᅩ졋나라ᄒᆞ태ᄌᆞᄅᆞᆯ보내
고도ᄌᆞᆨᄒᆞ야길헤가태ᄌᆞ의
긔ᄅᆞᆯ가거ᄃᆞᆫ보고주기라ᄒᆞᆫ
ᄃᆡ쉬가더말라ᄒᆞ야ᄂᆞᆯ태ᄌᆞ
닐오ᄃᆡ아비명을ᄇᆞ리면ᄌᆞ
식의되아니라ᄒᆞᆫᄃᆡ쉬ᄯᅩ조
차가ᄃᆡ니그어미말리ᄃᆡ몯

伋壽同死 周

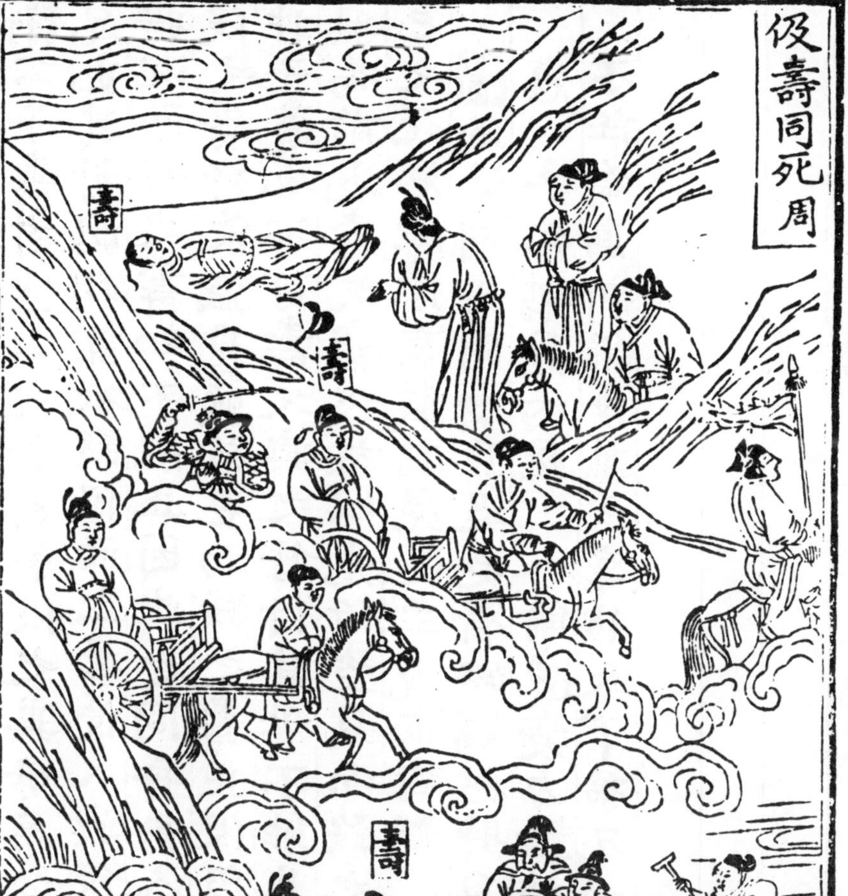

ᄒᆞ야경계ᄒᆞ야닐오ᄃᆡ앏셔
ᄃᆡ말나ᄒᆞ더니쉬ᄯᅩ태ᄌᆞ의
긔ᄅᆞᆯ아사앏셰고가길ᄅᆞᆯ
도ᄌᆞᆨ이태ᄌᆞ라너겨주기니
라태ᄌᆞ미처가보고제모긔
주근주ᄅᆞᆯ슬허울고주거ᄆᆞᆯ
시러모라와지도손조주그
니라

衛公子壽者宣公之子太子伋之異母弟公子朔之同母兄也其母與朔謀欲殺伋而立壽使人與伋乘舟於河中將沉而殺之壽知不能止因與之同舟舟人不得殺又使伋之齊將使盜見載旌要而殺之壽止伋伋曰棄父之命非子道也不可壽又與之偕行其母不能止乃戒之曰壽無爲前也壽又竊伋旌以先行盜見而殺之伋至痛壽代己之死涕泣悲哀載其屍還至境而自殺

詩 泛泛河舟同濟日 迢迢賫路竊旌時 自逢嚚傲鴒原急 一去那堪見兩屍
人倫遭變力難禁 爭死悲懷兩不任 爲寫新編垂萬代 凜然天下弟兄心

복식이ᄂᆞᆫ하남사ᄅᆞ미라녀
ᄅᆞᆷ지이와즘싱치기ᄒᆞ더니
져믄아이잇ᄯᅥ가그아이ᄌᆞ
라거ᄂᆞᆯ집터ᄃᆡ재믈ᄅᆞᆯ다아
ᄋᆞ주고다ᄆᆞᆫ양일ᄇᆡᆨ나ᄆᆞ니
ᄂᆞᆯ복식이가지고뫼해드러
가여러ᄒᆡᄅᆞᆯ양을치니일
쳔이나마되어ᄂᆞᆯ집터ᄃᆡᄅᆞᆯ
ᄯᅩ사니그아요셰교ᄂᆞᆯ다ᄑᆡ
멸ᄒᆞ고잇셔ᄂᆞᆯ다시ᄂᆞᆫ화주
니라

卜式分畜 漢

卜式河南人以田畜爲事有少弟弟壯式脫身出獨取羊百餘口田宅財物盡與弟式入山牧十餘年致千餘頭買田宅而弟盡破其産式輒復分與之

詩 世業遺財付友于脫身甘伴牧猪奴買宅向心吾獨富千頭分向弟家輸　錐刀手利世紛紛誰念天親一體分他日佐時輸粟盡此心孝悌便移君

왕림이나히여라몬인저긔
어버이다죽고마초아시졀
리어즈러워빅셩이다호터
도망ᄒᆞ고다모왕림의형뎨
옷분오뎍히여셔우루몰그
치더아니터니아이이나갓ᄯᅡ
가젹미란도죽을맛나자피
여놀왕림이져미여도죽의
게가비로되내몬져죽거지
라호대도즈기어엿쎄너겨
노하보내니마

王琳字巨尉年十餘歲喪父母因遭大亂百姓奔逃惟琳兄弟獨守塚廬號泣不絕弟季出遇赤眉爲賊所捕琳自縛詣賊請先季死賊矜而放遣之

詩 四方多難劇紛如兄弟攀號獨守廬爲季投身先乞死豺狼安得不矜且

弟兄相愛即天彜急難誰知有此兒要識至誠無不感請看兇醜遣歸時

허무ᄂᆞᆫ회계원이쳔거ᄒᆞ야
벼슬ᄒᆞ이니허뮈제두아이
벼슬몯ᄒᆞ야이시니아ᄋᆞ일
홈내오쟈ᄒᆞ야ᄂᆞᆯ오티셰교
ᄂᆞᆫ화집나살거지라ᄒᆞ고셰
교ᄂᆞᆯ세기세ᄂᆞᆫ화됴ᄒᆞᆫ집과
됴ᄒᆞᆫ받과됴ᄒᆞᆫ죵ᄋᆞᆯ허뮈제
다가지고두아ᄋᆞᆫ란사오나
ᄋᆞᆫ거ᄉᆞᆯ주니ᄒᆞᆫ고ᄋᆞᆯ사ᄅᆞ미
다허무ᄅᆞᆯ탐심타ᄒᆞ고두아
요ᄉᆞ양ᄒᆞ니어디다ᄒᆞ터니
쳔로ᄒᆞ야두아이다쳔거ᄒᆞ
이니라그후에허뮈아ᄋᆞᄅᆞᆯ
보도고올며ᄂᆞᆯ오터내사오
나오뒤벼슬ᄒᆞ고두아이나
히지라도록벼슬몯ᄒᆞ엿거ᄂᆞᆯ
셰교ᄂᆞᆫ화ᄂᆞᆫ미거룽ᄋᆞᆯ드려

나ᅵ이제내가져관원ᄋᆡ만불온
겨시톄로쉬쉬ᄇᆞ리나터으
니라ᄒᆞ고다두아ᅀᆞᄅᆞᆯ주고
ᄒᆞᆫ것도두디아니ᄒᆞᆫ대모다
일ᄏᆞᆮ더라

許武建武中會稽太守第五倫擧爲孝廉武以二弟晏普未顯欲令成名乃謂之曰禮有分異之義家有別居之道於是共割財産以爲三分武自取肥田廣宅奴婢强者二弟所得並皆劣少鄕人皆鄙武貪而稱弟能讓由是晏等俱得選擧武乃會宗族泣曰吾爲兄不肖盜竊聲位二弟年長未霑榮祿所以求得分財自取大譏今理産所增三倍於前悉推與二弟一無所留於是郡中翕然稱之

詩 嬴孝從前擧豈誣臨財甘作一貪夫心期二弟名成後三倍貲財盡付渠 弟顯自從兄譏日兄貪還釋弟榮時尋常友愛還誇俗隱德無嫌世所譏

뎡균이ᄂᆞᆫ 암뎡 사ᄅᆞ미라 형
이 고올 원니 되야 셔ᄂᆞ미 쥰
거ᄉᆞᆯ 즐겨 받더니 아이 ᄌᆞ조
간ᄒᆞ야 말라 ᄒᆞ야도 듣디 아
니커ᄂᆞᆯ 뎡균이 나가 셔ᄂᆞ미
일ᄒᆞ고 삭바다 ᄒᆞᆫᄒᆡ 나ᄆᆞ니
만히 어더다가 형을 주고 닐
오ᄃᆡ 이 옷 다배도 또 어더 줄
거시어니와 원되얏다가 장
니 죄ᄅᆞᆯ 니브면 죽도록 몯ᄡᅳ
리라 ᄒᆞᆫ대 형이 그 마ᄅᆞᆯ 감동
ᄒᆞ야 쳥ᄇᆡᆨᄒᆞᆫ 관원이 되니라

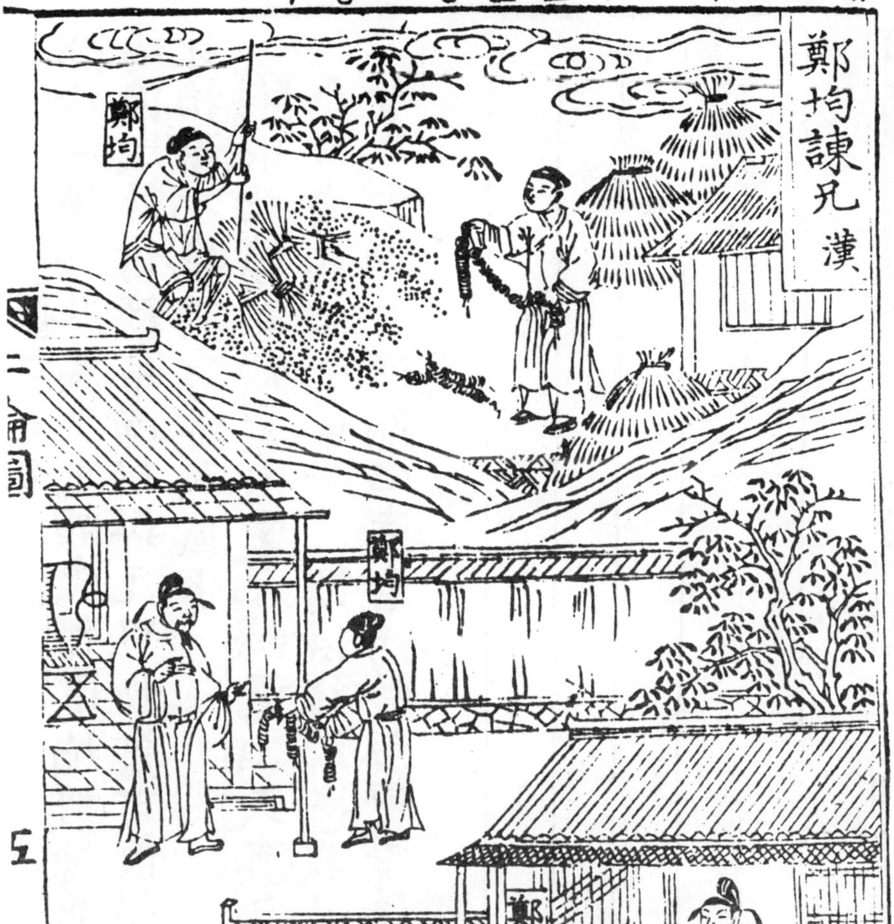

鄭均任城人兄為縣吏頗受禮遺均數諫止不聽即脫身
為傭歲餘得錢帛歸以與兄曰物盡可復得為吏坐贓終
身捐棄兄感其言遂為廉潔

詩 取物傷廉恐累身愛兄誠意出天真已知切諫終無
入甘自為傭受苦辛　傭得錢歸遺我兄包苴代此足
營生坐贓一語開心病貪汚終能變潔清

됴효시졀이어즈러운저글
맛나사ᄅᆞ미서르자바머더
니아이도ᄌᆞᆨ긔게잡펴ᄉᆞᆯ모
려커ᄂᆞᆯ됴효듣고제미여도
ᄌᆞᆨ긔게가날오ᄃᆡ내아이오
래병ᄒᆞ야여위니날만ᄉᆞᆯ지
디몯ᄒᆞ니라ᄒᆞᆫ대도ᄌᆞ기놀
라다노하보내며닐오ᄃᆡ가
다시ᄡᆞᆯ미시어ᄃᆡ오라ᄒᆞᆫ대
됴효ᄡᆞᆯ얻다가몯ᄒᆞ야다시
도ᄌᆞᆨ긔게가니ᄅᆞ고내ᄉᆞᆷ겨
지라ᄒᆞᆫ대모다긔이히너겨
주기디아니ᄒᆞ니라
님굼이드르시고블러벼슬
ᄒᆞ이시니라

趙孝遭天下亂人相食孝弟禮爲賊所得將烹之孝聞卽自縛詣賊曰禮久卧羸疾不如孝肥飽賊大驚並釋之且謂曰可歸更持米糒來孝求不得復往報賊願就烹衆異之遂不害明帝聞其行召拜諫議大夫

詩 遭時不幸賭傷神人化爲豺又食人自縛肥身甘代弟野心猶感有天倫

野淸何處更求糒垂槖歸來願就烹異行能回群盜腹高名宜徹九天明

목용이져머셔아비업고형
뎨네히ᄒᆞᆫᄭᅴ만너사더니각
각겨집어든후에모도겨집
들히논화다나사져ᄒᆞ고조
조사ᄒᆞᆯᄒᆞᄂᆞ마리잇거ᄂᆞᆯ목
용이ᄀᆞ쟝애ᄃᆞ라ᄒᆞ야문닫
고ᄭᅴ져를티며닐오ᄃᆡ목용
아비몸닷가셩인늬일빈ᄒᆞ
문장ᄎᆞ풍쇽을고텨려ᄒᆞ더
엇더그집도졍케몯ᄒᆞᄂᆞ다
ᄒᆞᆫ대아ᄋᆞ돌히머모도겨집
돌히듣고머리조아샤죄ᄒᆞ
야다시화동히되니라

繆彤少孤兄弟四人皆同財業及各娶妻諸婦遂求分異又數有鬭爭之言彤深懷忿歎乃掩戶自撾曰繆彤汝脩身謹行學聖人之法將以齊整風俗奈何不能正其家乎弟及諸婦聞之悉叩頭謝罪遂更為敦睦之行

詩 早孤諸季與同居娶婦求分罪在予掩戶自撾能感彼一家敦睦得如初

同氣相分自責深能令諸婦便回心是知友愛由天性蹀血相殘獸與禽

니츙이지비가난ᄒᆞ야형뎨
여스시옷바볼셔ᄂᆞ니브뎌
먹더니겨집비ᄀᆞ만니니츙
이ᄃᆞ려닐오ᄃᆡ가난히사로
미이러ᄅᆞᆫᄒᆞ니편안티몯ᄒᆞ
니닷티사라야ᄒᆞ리로다ᄒᆞᆫ
대니츙이거즛ᄃᆡ답ᄒᆞ며술
비즈라ᄆᆞ올과아ᄋᆞᆷᄃᆞᆯ모도
고호리라ᄒᆞ고못거ᄂᆞᆯ니츙
이모다안조알ᄑᆡ셔ᄭᅮ러어믜
게술오ᄃᆡ이겨집비사오나
와나ᄃᆞᆯᄆᆞ무셔어미와혐
ᄉᆞ이ᄅᆞᆯᄢᅵ나게ᄒᆞ니그죄ᄂᆞᆫ
내텨거시이다ᄒᆞ고ᄯᅥ뚱ᄒᆞ
야무니나가라ᄒᆞᆫ대겨집비
눈믈머기고나가니라

李充家貧兄弟六人同衣遞食妻竊謂充曰今貧居如此難以久安願思分異充僞酬之曰當醞酒具會請呼鄉里內外充坐中前跪白母曰此婦無狀而教充離間母子兄弟罪合遣斥便呵叱其婦逐令出門婦銜涕而去

詩 悍妻當日惡家貧不念鴒原骨肉親會合鄉閭揮婦去割情全愛篤天倫　同衣遞食意慇勤長枕當年不擬分何物婦人饒間舌一心愈更切箎塤

강굉이ᄂᆞᆫ셰가옛사ᄅᆞᆷ미라
두아ᄋᆞ듕히와계강과다효
도ᄒᆞ며어딘소리나터니형
뎨ᄉᆞ랑ᄒᆞ야샹녜ᄒᆞᆫ니블레
자터라각각겨집ᄒᆞ야도셔
르ᄉᆞ랑ᄒᆞ야덧티가자디아
니ᄒᆞ야ᄌᆞ식나홀거실ᄉᆡ셔
르ᄀᆞ라방의ᄀᆞ더니강굉이
계강과드르헤나갓ᄯᅡ가도
ᄌᆞᆨ을맛나주기려ᄒᆞ거ᄂᆞᆯ형
뎨셔르내죽거지라ᄃᆞ토아
강굉온블오뒤아이졈고어
버이ᄉᆞ랑ᄒᆞ고ᄯᅩ댱가ᄅᆞᆯ몯
드러시니내죽고아ᄋᆞᆯ살아
지라ᄒᆞ니계강오닐오뒤형
이나도만고덕도만ᄒᆞ야나
ᄃᆞ희호결의사ᄅᆞ미니형의

갑새내죽거지라ᄒᆞ대도죽
기ᄅᆞᆯᄒᆞᆷ관ᄉᆞᆼᄒᆞ고ᄇᆞᆯ오ᄃᆡ두
븐이어딘사ᄅᆞ미어놀우리
사오나와관ᄃᆡ로졸외욘늣다
ᄒᆞ고다ᄇᆞ리고가니라

姜肱家世名族與二弟仲海季江俱以孝行著聞友愛天
至嘗同被卧及各取妻兄弟相戀不能別寢以係嗣當立
乃遞往就室嘗與季江適野遇盜欲殺之兄弟爭死肱曰
弟年幼父母所憐愍又未聘娶願自殺身濟弟季江言兄
年德在前家之珍寶國之英俊乞自受戮以代兄命盜戢
刃曰二君賢人吾等不良妄相侵犯乃兩釋之

詩 二弟同居共一衾天倫情至友于深蒼皇遇難爭投
死兩釋終能感賊心　弟恭兄友若塤篪居寢須臾不
忍離更有至情難掩處共看爭死冒危時

왕람이어미다ᄅᆞᆫ형왕샹이
와ᄀᆞ장ᄉᆞ랑ᄒᆞ더니왕람의
어미쥬시왕샹이ᄅᆞᆯ보채야
티거든왕람미두어셜어곤
졔보고믄득울고가븟안더
니얼운되야미양어미ᄅᆞᆯ간
니니그어미져기모디로미
그츠니라그어미ᄌᆞ조올흔
일로왕샹이ᄅᆞᆯ브리거든왕
람이조차가ᄒᆞ며또몯ᄒᆞᆯ일
로왕샹의겨집블브리거든
왕람의겨집도조차가ᄒᆞ니
그어미어려이너겨셔아니
ᄒᆞ더라또그어미ᄆᆞ마니술
에약플어왕샹이ᄅᆞᆯ머기려
커ᄂᆞᆯ왕람이알고드라가그
수울아ᅀᆞ대왕샹이아픈줄

말고가지고주디아니ᄒᆞ더니
그어미제가아사엽더리
니라그후에어미왕샹일ᄅᆞᆯ
음식주어든왕람이의식몬
져맛보더니어미제아ᄃᆞᆯ주
글가ᄒᆞ야아니ᄒᆞ니라

王覽字玄通與兄祥友愛甚篤母朱氏遇祥無道覽年數
歲見祥被楚撻輒涕泣抱持至於成童每諫其母其母少
止凶虐朱屢以非理使祥覽輒與祥俱又虐使祥妻覽妻
亦趍而共之朱患之乃止朱密使酖祥覽知之徑趍取酒
祥疑其有毒爭而不與朱遽奪覆之自後朱賜祥饌覽輒
先嘗朱懼覽致斃遂止

詩 篤母時時虐視兄看兄被撻痛兒情身同室婦代兄
嫂共服勤勞庶感誠　酖非好酒何宜飲兄弟爭持母
取翻從此母殘兒輒試周旋母子竟全恩

유곤의지븨시긧병이드러
두형이다죽고버근형이ᄯᅩ
죽게되야병이ᄇᆞ야호로퍼
디여어버이며아ᄋᆞ들히다
피졉나거ᄂᆞᆯ유곤이혼자이
셔나가디아니커ᄂᆞᆯ어버이
며형들히구틔여나라ᄒᆞᆫ대
유곤이ᄀᆞᆯ오ᄃᆡ내셩본이병
을저티아니ᄒᆞ노이다ᄒᆞ고
친히잡드러나지며바미며
자디아니ᄒᆞ고곽을모셔보
며우르믈그치디아니터니
셔ᄂᆞᆯ도마내병셔도그ᄎᆞ며
지빗사ᄅᆞᆷ도드리오며병ᄒᆞᆫ
니도다됴하유곤이도일업
시나니모다ᄀᆞᆯ오ᄃᆡ긔특ᄒᆞᆯ
셔이사ᄅᆞ미여ᄂᆞᆷ이못ᄒᆞᆯ이

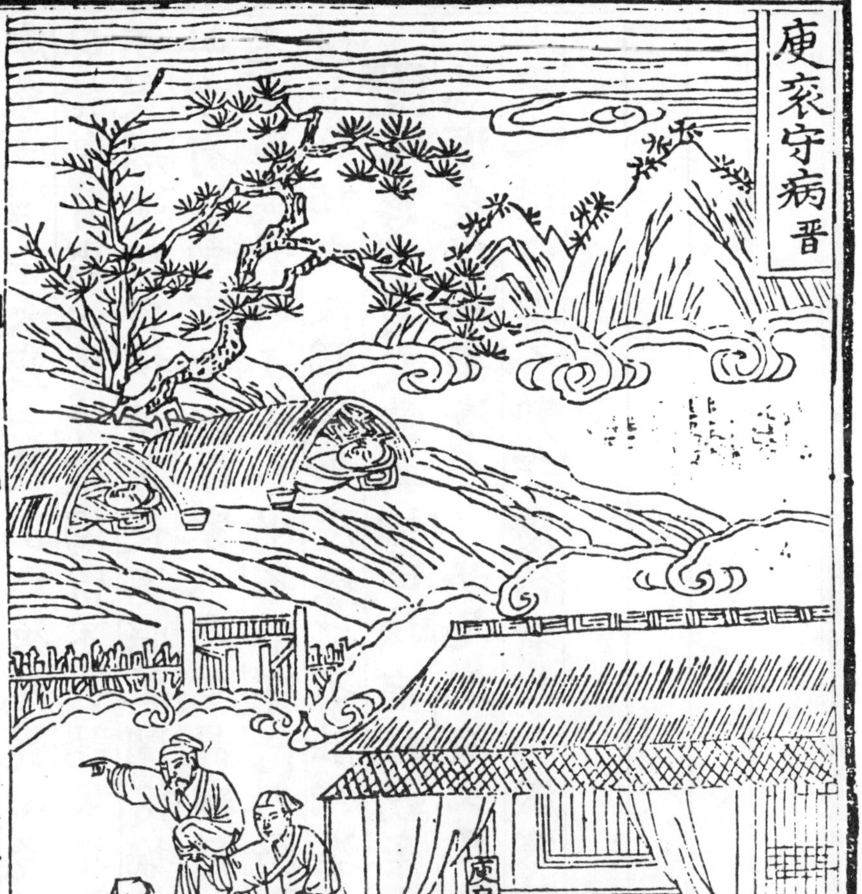

믈ᄒᆞ니치운후에아소남기
후에ᄠᅥ러디ᄂᆞᆫ알리라ᄒᆞ니
이제야모딘병도뎐염티몯
ᄒᆞᆯ줄알와라ᄒᆞ더라

庚袞咸寧中大疫二兄俱亡次兄毗復危殆癘氣方熾父
母諸弟皆出次于外袞獨留不去諸父兄強之乃曰袞性
不畏病遂親自扶持晝夜不眠其間復撫柩哀臨不輟如
此十有餘旬疫勢既歇家人乃反毗病得差袞亦無恙父
老咸曰異哉此子守人所不能守行人所不能行歲寒然
後知松柏之後凋始知疫癘之不能相染也

詩 當患須看友愛真　撫亡扶病極勤辛　十旬晝夜終無
恙　癘疫從知不染人　兩兄俱沒次兄危　出次人人謹
避之　能守衆人難守處　待看松栢歲寒時

왕밀이졔아ᄋᆞ와아ᄃᆞᆯ파ᄃᆞ
리고길가다가냥식이업서
아ᄋᆞ와아ᄃᆞᆯ란두고지ᄂᆞᆫ모
올희냥식빌라갓다가와보
니아ᄋᆞ이도ᄌᆞᆨ의게ᄒᆞ리여가
ᄭᅩ아ᄃᆞᆯ로도망ᄒᆞ야수머나
가거ᄂᆞᆯ왕밀이그아ᄃᆞᆯ어더
ᄐᆡ오고도ᄌᆞᆨ의게가머리조
아비려ᄉᆞᆯ오ᄃᆡ인명이다ᄌᆞ
식을ᄉᆞ랑컨마ᄂᆞᆫ오직이아
ᄋᆞᄂᆞ다아니ᄒᆞ야셔아비ᄌᆞᆨ
거ᄂᆞᆯ내길러내야이만도야
인ᄂᆞ니경컨대ᄂᆞᆫ이아ᄃᆞᆯ로
아ᄋᆞᆯ밧ᄭᅩ아지라ᄒᆞᆫ대도ᄌᆞᆨ
돌히서르ᄇᆞᆯ오ᄃᆡ아ᄃᆞᆯ로아
올밧ᄭᅩ니ᄆᆞ장어디도다ᄒᆞ
고다주어보내니다왕밀이

후에죽거늘아이믈머굠도
아니머고몯ᄃᆞᆺ채ᄒᆞ고심상
을여ᄉᆞᆺ희니브니라

王密嘗與弟儁子元直西如京州路中糧匱密留儁元直
西於途乞丐民間比還儁為賊所掠元直逃逸密乃將元
直追賊叩頭求食曰人情自當皆愛其子但此弟未生家
君見背孤遺相長以至于今請以元直易儁賊相謂曰以
子易弟義之大也於是以儁元直授密而去密後亡儁勺
水不入口者五日雖服喪期年而心喪六載

詩 道出涼州乞丐歸旋聞阿弟賊中圍將兒換弟真情
切盜賊無知亦解悲　亡親遺腹只斯人相愛相憐若
一身苟保吾兒棄吾弟九泉何以謁吾親

채확이형을셤교되아비ᄆᆞ
티ᄒᆞ야집안해크며쟈근이
를다무러ᄒᆞ더니제록두거
늘다형의게드려두고ᄡᅳ더
잇거든맛티사ᄅᆞᆷ의게쳥ᄒᆞ
야ᄡᅳ더라남ᄀᆞᆷ뫼셔나갓새
놀거집비유무ᄒᆞ야녀름옷
ᄒᆞ야저라ᄒᆞ대되답ᄒᆞ야유
무ᄒᆞ되뇌롬오ᄉᆞᆯᄒᆞ거니와
혜아려줄사ᄅᆞ미졔줄거시
니내게각별리니르디말라
ᄒᆞ니라

祭廟奉兄軌如父家事大小皆諮而後行公祿賞賜一皆入軌有所資須悉就典者請焉從高祖在彭城妻柳氏書求夏服廓答曰知須夏服計給事自應相供無容別寄

【詩】奉兄如父敬無違家有尊嚴孰敢私祿賜盡應歸一室事無專制必先咨

邑從君王音未回妻求夏服寄書來計給只言存典者稍無私意污靈臺

손국이엄이셤기옴지극기
효도ᄒᆞ더니엄이주글제적
믄아ᄃᆞᄅᆞᆯ손국의게ᄃᆞ려시
라ᄒᆞ고ᄆᆞ장ᄉᆞ랑ᄒᆞ야ᄒᆞ더
니그ᄢᅴ사ᄅᆞᆷᄡᅢ군ᄅᆞᆯ내더니
그아이손국의목긔가다가
몯밋쳐가니죽을죄어놀손
국이와졔아ᄋᆞ와셔르비ᄌᆞ
그려ᄃᆞ토더니손국의겨집
허시도얼니이셔국의게츅
ᄒᆞ야닐ᄂᆞ보내요ᄃᆡ그ᄃᆡ집
가져셔어디져믄아ᄋᆡ게죄
ᄅᆞᆯ닐료ᄃᆞ엄이죽을제그틧
계맛뎌새ᄃᆞ녀집이며조식
도업ᄉᆞᆫᄂᆞ니그더논두조식
의쳐니주군돌무서시뉘옷
ᄉᆡᆫ묘ᄒᆞ더라그ᄭᅩ울원이그

이믈엳ᄌᆞ와ᄂᆞᆯ나라히다노
ᄒᆞ시고그집문의방브티니
라

孫棘事毋至孝臨亡以小叔薩屬棘特深有愛時裴氏為軍薩代棘行及後軍期應死棘薩爭死妻許氏又遣屬棘曰君當門戶豈可委罪小郎且大家臨終以小郎屬君竟未有妻息君以二兒死復何憾大守張岱表聞詔原之仍榜其門

[贊]弟兄爭死豈要名　乃婦猶知棘死輕
帝感三人倫懿篤　宥全門戶又褒旌
兄念慈親鞠子哀　弟思天顯克恭哉
當前斧鉞爭趨赴　豈料金鷄放赦回

양패아ᄋᆞ양츈이와양진이
와서르ᄉᆡᆼ교미어버이ᄌᆞ식
ᄌᆞ이ᄀᆞᆺ티니형톄ᄀᆞᆺ총이어
든대텽의모다ᄎᆔ므로록ᄒᆞ
되ᄎᆔ안해드리가디아니ᄒᆞ
며ᄒᆞᆫ묘ᄒᆞᆫ음식기잇새믄몯
디아니면먹디아니터라대
텽ᄉᆞ이예즘댱디워ᄆᆞ리와
두고잇다감가쉬고모로와
말ᄒᆞ티라양츈이나힌ᄂᆞᆯ거
셔다르니가술취ᄒᆞ야욕거
ᄂᆞᆯ양진이붓드러지븨도라
고방알퓌셔수후즙자며안
부를못터라츈파진파나히
여슌나마다저샹이되여슈
뒤양잔이오히여아ᄎᆞᆷ나조
문안ᄒᆞ거든ᄌᆞ식이며아츈

아ᄃᆞᆯ돌허ᄐᆞ아래르랍니月
잇ᄉᆡ니양츈이안ᄌᆞ라아니
ᄒᆞ면양진이안ᄯᅥ아니ᄐᆡ라
양츈이나가셔져므도록아
니오거든양진이바ᄇᆞᆯ몬져
먹디아니ᄒᆞ야양츈이온후
에야ᄒᆞᆫᄭᅴ먹더라밥먹글제
양진이친히수져ᄅᆞᆯ드리며
몬져맛보고양츈이머그라
ᄒᆞᆫ후에야먹더라ᄒᆞᆫ집안해
남진겨집비일빅귀나ᄒᆞ야
면ᄒᆞᆫ당ᄃᆞᆯ히다ᄒᆞᆫ바배먹고
사로ᄃᆡᄉᆞ이예잡마리업더
라

楊播與弟椿津並敦義讓昆季相事有如父子兄弟旦則
聚於廳堂終日相對未嘗入內有一美味不集不食廳堂
間往往幃幔隔障為寢息之所時就休偃還共談笑椿年
老曾他處醉歸津扶持還室仍假寢閤前承候安否椿津
年過六十並登台鼎而津尚旦暮參問子姪羅列階下椿
不命坐津不敢坐椿每近出或日斜不至津不先飯椿還
然後共食食則津親授匙箸味皆先嘗椿命食然後食一
家之內男女百口緦服同爨庭無間言

詩 楊家義讓篤天倫昆季嚴如父子親一味共分相對
笑藹然和氣滿堂春　六秩聯登位鼎司平生義敬老
何衰朝朝參問情無倦扶醉兄歸弟授匙

오달지의 ᄉᆞ촌아ᄋᆞ 경ᄇᆡᆨ의
부쳬가 난ᄒᆞᆫ ᄒᆡ예 후리여 먼
ᄃᆡ ᄑᆞᆯ려 갓거ᄂᆞᆯ 오달지 제 받
ᄐᆞᆯ ᄑᆞ라 드리고 사 내야다가
지ᄒᆞᆫ 집ᄒᆞ녀 관의 사더라 고
올회셔 쥬부 벼ᄉᆞᆯ롤 ᄒᆞ야 ᄂᆞᆷ
구티려 형되게 ᄒᆞ라 ᄉᆞ양ᄒᆞ
고 ᄯᅩ 조샹엣 바톨 마ᄂᆞᆫ ᄉᆞ양
ᄒᆞ야 뉵촌 아ᄋᆞ ᄅᆞᆯ 주니 그 아ᄋᆞ
도 받디 아니ᄒᆞ야 ᄀᆞᆯ외티 무
그니라

吳達之以從祖弟敬伯夫妻荒年被略賣江北達之有田
十畝貨以贖之同財共宅郡命為主簿固以讓兄讓世業
田與族弟弟亦不受田遂閑廢

詩 那堪骨肉從輿臺破產還收與共財職讓於兄田讓
弟天倫外物視塵埃　賣業慇勤贖弟還同財共宅任
飢寒世間無限爭田者聞却高風定汗顏

노죄계모양시ᄅᆞᆯ셤기ᄃᆡᄆᆞ
쟝효도ᄒᆞ더니댱시세아ᄃᆞᆯ
나하두고ᄉᆞ랑ᄒᆞ야노조ᄅᆞᆯ
샹시예밥지으라ᄒᆞ야세아
ᄋᆞ위ᄒᆞ야옷ᄉᆞᆯ셜라ᄒᆞ야ᄃᆞᆫ
노죄브즈러니ᄒᆞ야게을이
아니터니댱시제아ᄃᆞᆯ들ᄒᆞᆯ
그라보낼쥐나피티와ᄂᆞᆫ
물잇글고채자바좃티ᄒᆞ
라ᄒᆞ더라세아이술먹여
고놈과싸화그사ᄅᆞ미지븨
와어미조차셔ᄧᅩᆼᄒᆞ거ᄂᆞᆯ노
죄울고빌ᄒᆞ야말고라ᄒᆞᆫ대
그사ᄅᆞᆷᄃᆞᆯ히셔르븐오ᄃᆡ너
기더아니ᄒᆞ더니이제도뎍
노미이런어딘형을ᄃᆞᆯ샤오
리일윤ᄂᆡ게무례호미올타

二倫圖 上

아니트다ᄒᆞ고서르 노코의
게뎔ᄒᆞ고가니라어미주거
놀세아ᄋᆞᆯ머기며 ᄆᆞᄅᆞ쳐ᄉᆞ
랑ᄒᆞ믈ᄂᆞ오가지르ᄒᆞ더라

盧操事繼母張氏至孝張生三子溺愛之命操常執勞主炊爲三弟設席操服勤不倦張遣其子讀書命操策驢隨之操即執鞭引繩如僮僕三弟嗜酒縱佚抵忤於人致人踵門詬及其母操即涕泣拜而解之惡少相謂曰不意三賊有此令兄其干犯長者不義也相與拜操而去母亦訓養三弟恩愛不衰

詩 服勤爲弟事炊烹爲是阿孃愛所鍾又爲投師親執策一心願弟免凡庸

如何三弟性難移屢忤於人縱酒時詬辱及親仍拜乞能令惡少釋然歸

니광진이어버이셤기믈ᄆᆞ
장지셩으로호미잇더니엄
이죽거ᄂᆞᆯ거상ᄒᆞ야삼년을
자리에아니드더라마ᄋᆞ광
안이ᄆᆞᆫ져거졉ᄒᆞ야ᄂᆞᆯ엄이
집읫이ᄅᆞᆯ다맛티니광진이
엄이주근후에야거졉어더
ᄂᆞᆯ광안ᄂᆡ겨졉이쉐관ᄇᆞ티
에ᄀᆞᆯ월와쳘ᄂᆞᆼ티ᄒᆞᆫ방ᄌᆞᆷ을
쇠열쇠ᄅᆞᆯ다ᄒᆡᆼ의거졉을ᄃᆡ
보ᄇᆡ대광진이도로보내고
ᄂᆞᆯ오되아조미미쳐싀어마
님셤기고ᄯᅩ어마님이졉의
이ᄅᆞᆯ맛ᄯᅡᄒᆞ라ᄒᆞ시니고티
디못ᄒᆞ리라ᄒᆞ고실ᄅᆞᆯ잡고
우려취엄양을로ᄒᆞ니라

李光進事親有至性母歿居喪三年不歸寢弟光顔先娶而母委以家事及光進娶母已亡弟婦籍滋畜納管鑰於姒光進命返之曰婦逮事姑且嘗命掌家事不可改因相持泣乃如初

詩 當年新婦拜姑前主饋辛勤久且專今日母亡那忍改泣還家鑰故依然　萬古天倫終不渝乖離只在利錙銖欲知兄弟相安處須看斯門及鑰圖

두연이본첫어믜게두아ᄃᆞ
리이쇼ᄃᆡ어디디아니터니
계어미ᄂᆞᆫ하양의것ᄂᆞᆫ젼시
ᄅᆞᆯ어뎝가고할미노쥭고두
연이나히열다여신제두형
이사오나이뒤집ᄒᆞ야갈로
머티ᄅᆞᆯ티니피두어되나ᄒᆞ
트거ᄂᆞᆫ아비누의순겨비오
자라나니라하양의어믜게
가니다ᄉᆞᆷ아비브티디아니
ᄒᆞ야븐다론뎌와하가봇
야글서주고갑바다며고사
뎌라후에벼ᄉᆞᆯ놉피되야그
모형이그져사맛셔니뒤졉
ᄒᆞ믈ᄆᆞ장위곡이ᄒᆞ며뎨다
이ᄒᆞ뎌라무형이며아비ᄂᆞᆫ누
의며다ᄉᆞᆷ아비ᄌᆞ손들ᄒᆞᆫ우

언의음덕니버벼슬ᄒᆞ니여
러히러라그나ᄆᆞ니ᄂᆞᆫ다위
ᄒᆞ야남진겨지블얼이니라

杜衍前母有二子不孝惏其母改適河陽錢氏祖母卒衍
年十五六二兄遇之無狀至引劒斫之傷腦出血數升其
姑匿之僅而得免乃詣河陽歸其母繼父不容來孟洛間
貧傭書以自資及貴其長兄猶存待遇甚有恩禮二兄及
錢氏姑子孫受衍蔭補官者數人仍皆爲之婚嫁

註 兄心無狀母歸人引劒殘傷骨肉親出血數升無疾
怨蒸蒸終化兩頑嚚　天心福善理昭明豈爲傭書致
顯榮不獨子孫多受蔭一門婚嫁亦能成

댱존이 본셩이 효도롭고 동싱ᄉᆞ랑ᄒᆞ더니 일즉 쵹이란 고올 원ᄒᆞ야 갓셔 가갑이며 금의ᄅᆞᆯ 어더와 다 지븨다가 펴 노하두고 형뎨 제 ᄆᆞᄋᆞᆷᄆᆞ로 ᄀᆞᆯ희야 가져가라 ᄒᆞ더니 일즉 ᄂᆞᆷ오뒤 형뎨 노손파발ᄒᆞ고 안해와 쳡은 ᄂᆞ미 집 사ᄅᆞᆷ이니 엇뎌 ᄂᆞ미 집 사ᄅᆞᆷ을 몬져ᄒᆞ고 손발ᄃᆞᆯ 후에ᄒᆞ료 ᄒᆞ더라 아ᄋᆞᆷ을 어엿ᄲᅵ 너겨 남진 겨집 열여ᄒᆞ나토 그릇되게 아니ᄒᆞ더라

張存性孝友嘗為蜀郡得綺繒文錦以歸悉布之堂上恣兄弟擇取嘗曰兄弟手足也妻妾外舍人耳奈何先外人而後手足乎收卹宗屬嫁娶窮嫠不使一夫失所

詩 稟性於天篤友于從来不復念妻孥相懷只見連枝重堂上文繒盡向輸　手足何如外舍人肯先家室後天倫收卹孤嫠婚嫁畢誰能似子篤親親

표언쇼의형뎨ᄒᆞᆫᄃᆡ셰간사
ᄅᆞ미열두히러니형언운이
겨집ᄒᆞ기ᄒᆞ며풍뉴쟝기바
두돌을즐셰간놀거의배
야가거ᄂᆞᆫ언쇠말라간ᄒᆞᄃᆡ
둣다아니커놉셰간놀구ᄒᆞ
야노화나ᄀᆞ다소횟만이형
외셰간이다배야ᄑᆞ환쟈ᄒᆞ
니먹은거시ᄆᆞ장만럽라던
쇠아ᄎᆞᆷ선날의형과아ᄌᆞ미
물쳥ᄒᆞ야술먹이며날오라
아리셰간논호려ᄒᆞ니ᄯᅩᆫ다업
터니형이쁘기를너무ᄒᆞ야
셰간이다배야면모다주랄
가너겨호거시니이제힝혀
셰만이반만잇ᄂᆞ니쪽히시
릴테쁘니형이다시집외와

二十一

쉬교놀자브라ᄒᆞ고아리놂
ᄒᆞᆫ을젼ᄅᆞᆯ블뎨티고집븨옷긘
술ᄒᆞ다맛디니라셔블오뒤빗
변것도내티튜ᄒᆞ오쳡량으로
가프려ᄒᆞ노라ᄒᆞᆫ대형이취
엄의붓그려마다ᄒᆞ다가마
뎌못ᄒᆞ야조ᄎᆞ니라버근희
예됴인쇠곱톄ᄒᆞ니모ᄋᆞᆫ사
ᄅᆞᆷ이크게공경ᄒᆞ고항복ᄒᆞ
티라

趙彦霄兄弟二人同爨十二年兄彦雲惟聲色博奕是娛生業壞已適半彦霄諫不入遂求析籍及五年而兄之生計蕩然矣公私逋負尚千餘緡彦霄因除夕置酒邀兄嫂而告之曰向者初無分爨意以兄用度不節恐皆蕩盡俱有饑寒之憂今幸留一半亦是以給伏臘兄自今復歸中堂以主家務即取分書付之火管鑰之屬悉以付焉因言所以逋負以己儲錢償之兄初有慚色不從不得已而受之後年彦霄一擧登第鄉人大敬服之

詩 同爨曾經一紀餘可憐家業漸蕭踈無端析籍兄應悵毋懈他年見火書　兄蕩家資弟析居五年嬴得有遺儲慇懃更酌元霄酒從此阿兄復主廬

텨덕귀아ᄋᆞ덕쟝이와ᄉᆞ랑
ᄒᆞ야나지면ᄒᆞᆫ상의니어안
쇼바미면ᄒᆞᆫ니브레자더니
덕쟝이본ᄃᆡ강닥ᄒᆞ야ᄂᆞ미
계할려주글죄로가티게ᄒᆞ
얏셔놀덕귀아ᅀᅵ거즛죄니
브몬어엿쎄너겨ᄉᆞ겨날오
ᄃᆡ졔나롤해쿄쟈ᄒᆞ니ᄂᆡ가
면발명ᄒᆞ려니와비가면주
그리라코죽키티쟝ᄒᆞ야니
거놀덕쟝이ᄲᅩᆯ와길헤가형
뎨서르잡고주그라가몰ᄃᆞ
토더니덕귀ᄆᆞ마니ᄉᆞ겨못
가게ᄒᆞ고랑ᅀᅲᆼ만즈름실로
수며니거놀덕쟝이ᄯᅩᄲᅩᆯ와
가니덕귀보뎌오개드러주
것더니덕쟝이늣고ᄆᆞ쟝셜

위우니네번귀졀ᄒᆞ야ᄉᆞ가
ᄉᆞ야ᄲᅧ롤지어다가묻고두
ᄒᆡ롤쥬묘ᄒᆞ니미양울어든
가마가치ᄂᆞ리ᄂᆞ라와가디
아니ᄒᆞ더라

鄭德璉弟德璋孝友天至晝則聯几案夜則同衾被德璋素剛直一日爲仇家陷於死罪當會逮揚州德璉哀弟之見誣乃陽謂曰彼欲害吾也何預爾事我往則奸狀白爾去得不死乎卽治行德璋追至道中兄弟相持頓足爭欲就死德璉黙計沮其行夜將半從間道逸去德璋復追至廣陵德璉已死於獄德璋聞之慟絶者四負骨歸葬廬墓再朞每一悲號烏鵲皆翔集不去

詩 同衾聯几每相須不意剛剛陷罪誣視死如歸爭就獄牽留道上泣相扶

夜半潛歸死獄中廣陵追至慟何窮再朞廬墓哀號處烏鵲飛翔慰怨哀

곽도경의비ᄃᆞᆺ조샹ᄋᆞᆯ히효
도호ᄆᆞ로일홈나ᄂᆞ온희셔
효ᄌᆞᄉᆞ당ᄋᆞᆯ밍ᄀᆞ랏셔니그
뎌긔도ᄌᆞ기니러나ᄇᆡᆨ셩이
다ᄃᆞ라나숨거ᄂᆞᆯ도경이아
ᄋᆞ좌경이와ᄉᆞ당ᄋᆞᆯ디킈고
잇ᄯᅥ니가자피여도ᄌᆞ기아ᄋᆞ
ᄅᆞᆯ주기려ᄒᆞ거ᄂᆞᆯ형도경이
울며닐오ᄃᆡ나ᄂᆞᆫ조식이조
라거니와아ᄋᆞᆫ졀약ᄒᆞ고ᄌᆞ
식기텨므니내아ᄋᆡ모ᄀᆞᆯ
거지라ᄒᆞᆫ대아ᄋᆞ도ᄯᅩ울고
닐오ᄃᆡ내지빗이ᄅᆞᆯ다형이
츌화ᄒᆞ니내ᄌᆞᆨ거지라ᄒᆞ
뎌니도경이구틔여목ᄌᆞᆯᄂᆞ
리혀내와다칼로버히라ᄒᆞᆫ
대도ᄌᆞᆨ돌히서르모라보고

道卿引頸元

빌오ᄃᆡ네회효ᄌᆞ가문에셩
톄이러ᄒᆞ니ᄎᆞ마엇디해ᄒᆞ
뭇ᄒᆞ고다노화ᄇᆞ리니라

郭道卿四世祖以孝行著鄕里爲立孝子祠元初盜起居
民多走匿道卿與弟佐卿獨守祠不去俱被執盜將殺佐
卿道卿泣告曰吾有兒已長弟弱子幼請代弟死佐卿亦
泣曰吾家事賴兄以理請殺我道卿固引頸請刃盜相顧
曰汝孝門兄弟若此吾何忍害兩釋之

詩 居民畏盜競逃奔獨守先祠只弟昆孝行固知天所
與肯教兇竪害元孫　弟兄爭死意堪悲賊膽還寒引
頸時兩釋只緣誠孝感芳名傳世永無期

곽젼이계모ᄅᆞᆯᄀᆞ장효도ᄒᆞ
더니계뫼세아ᄃᆞᆯ나하다리
미잇거ᄂᆞᆯ곽젼이손조ᄐᆞ름
지어머기며ᄌᆞ라거ᄂᆞᆯ다겨
집어ᄅᆞ이니각각셰간노화ᄃᆞᆺ
사쟈거ᄂᆞᆯ곽젼이말니다가
못ᄒᆞ야밧티며지비며긔믈
돌홀다사오나온거슬가지
고계모ᄅᆞᆯ모셔살오뎌도ᄒᆞ
챠반ᄋᆞᆯ엽시아니ᄒᆞ더라

郭全分財 元

二倫圖 二十四

郭全事繼母唐古氏甚孝繼母生三子皆幼全竊耕以養旣長娶婦各求分財異居全不能止凡田廬器物自取荒瘠朽敗者奉唐古氏以居甘旨無乏

詩 喫著艱辛共備嘗一朝分異可堪傷薄田破器吾當取甘旨無違奉後孃

薛包孝義世稱賢豈料君身更兩全青史昭垂名不泯又從圖畫上新編

오ᄉᆞ달의형뎨여ᄉᆞ시아비
명으로셰간논화사더니ᄉᆞ
달이기명쥬부되얏다가아
비죽거ᄂᆞᆯ지븨과숑장ᄒᆞ고
아ᅀᆞᆷ모도와울고어미ᄃᆞ려
ᄂᆞᆯ오ᄃᆡ우리형뎨다티사란
디여라믄ᄒᆞ니여뎌처셰ᄯᆞ
ᄂᆞᆷ배오이시니ᄒᆞᆫ어믜난봉
싱이사오나오며됴호미ᄭᅩ
무디아니타ᄒᆞ고쥭졔졔지
빗거스로ᄆᆡᆫ것들ᄒᆞᆯ다갑
ᄭᅩ다시모다ᄒᆞᆫᄃᆡ사ᄂᆡ두어
히몯ᄒᆞ야셔집두헤ᄂᆞ롬나
모와버드남기ᄒᆞᆫᄃᆡ브텨니
어나거ᄂᆞᆯ사ᄅᆞ미닐오ᄃᆡ어
디로미감화ᄒᆞ야그려타ᄒᆞ
더라

三綱 二十五

吳思達兄弟六人嘗以父命析居思達爲開平主簿父卒還家治喪事會宗族泣告其母曰吾兄弟別處十餘年矣今多破産以一母所生可使兄弟苦樂不均耶卽以家財代償其逋更復共居不數年宅後楡柳爲之連理人以爲義所感焉

詩 曾承嚴命各分居　憂樂參差十載餘　泣告慈親辭感激　弟兄和氣塞窮閭

一體而分六箇身　悲歡饑飽豈宜偏　捐財償債還相聚　楡柳終看理亦連

류군량이세ᄃᆡ를ᄒᆞᆫᄃᆡ사라
륙촌형뎨동셩ᄀᆞᆺ티니졈안
해ᄒᆞᆫ밥ᄒᆞᆫ잣갑블아름ᄃᆡ
이아니ᄒᆞ더라시졀이가난
커ᄂᆞᆯ겨지비다티살라ᄒᆞ야
여ᄇᆞᆯ ᄒᆞᆫ남긔가마괴삿기자
리ᄇᆞᆺ고아노하사화우지지
거ᄂᆞᆯ지빗사ᄅᆞ미황당이너
기더니겨지비ᄂᆞᆯ오ᄃᆡ시졀
이어즈러워새도ᄒᆞᆫᄃᆡ몯
끈ᄒᆞ놋다여사ᄅᆞᆷ이여ᄒᆡᆼ뎨과
각ᄯᅡ티사니ᄒᆞᆫᄃᆡ나마그ᄂᆞᆫ
들앏고겨지블내티며닐오
뒤네귀짓일ᄒᆞ여ᄇᆞ리ᄃᆞ니
라형뎨를블러울며니ᄅᆞ고
다시ᄒᆞᆫᄃᆡ사니나라ᄒᆡ졍표
ᄒᆞ시니라

二倫行實宗族圖

君良斥妻 唐

二倫圖

劉君良四世同居族兄弟猶同産也門内斗粟尺帛無所私隋大業中荒饉妻勸其異居乃易置庭樹鳥雛令鬪且鳴家人恠之妻曰天下亂禽鳥不相容況人耶即與兄弟别處月餘密知其計因斥去妻曰爾破吾家召兄弟流涕以告更復同居貞觀六年表異其門閭

詩 世同産業更同居　四代相傳不少踈　一婦邪謀寧間我　從教兄弟復如初

斗粟其誰敢自私　要同門内給寒飢　滔滔好貨私妻子　視此如何不忸怩

댱공예아홉ᄃᆡ를ᄒᆞᆫᄃᆡ사더
니여러님금졔다졍표ᄒᆞ시
니후에님금이빗봉나겨시
다가그지븨ᄒᆡᆼᄒᆞ샤공예
를블러보시고아옴돌와화
동ᄒᆞᆫ노이를무르신대공예
죵희븟들주쇼셔ᄒᆞ여대답
ᄒᆞ되죠히에ᄎᆞᆷ잉ᄌᆞ를일
ᄇᆡᆨ나마ᄡᅥ진샹ᄒᆞ니라그ᄠᅳᆮ
테녀ᄭᅴ아ᄅᆞ믜화동티아
니ᄒᆞ믄얼운이옷밥블골오
아니주거나아랫져믄사ᄅᆞᆷ
이례졀리그르거나서르의
다마다ᄒᆞᆷ모로거슬미되ᄂᆞ
니각각서르ᄎᆞᆷ면지븨이
리ᄌᆞ연히화동ᄒᆞ리라

二倫圖 二十三

張公藝九世同居北齊隋唐皆旌表其門高宗封泰山幸其宅召見公藝問其所以能睦族之道公藝請紙筆以對乃書忍字百餘以進其意以為宗族所以不協由尊長衣食或有不均卑幼禮節或有不備更相責望遂為乖爭苟能相與忍之則家道雍睦矣

詩 世人分割不同廬　獨有張公九世居　帝問由來能睦道　但將忍字百來書

禮嚴卑幼缺應頻　尊長衣殘或未均　忍不出言相責望　怡怡家道自相親

딘금이강쥐셔사더니열세
뉘를ᄒᆞᆫᄃᆡ살며얼운아ᄒᆡ모
도와칠빅구로ᄃᆡ죵이ᄉᆞᆷ쳬
을두디아니코아래우ᄒᆡ화
동ᄒᆞ여ᄉᆞ이예잡말이업
라미양밥머글제큰집으로
다안자먹ᄌᆞ믄아ᄒᆡᄃᆞᆫ각별이
돗ᄀᆞ라안치더라가히일빅
이나모ᄃᆡ ᄒᆞᆫ구유예밥주어
ᄒᆞᆫ가히나아니가면모도가
히다아니먹더라

陳兢居江州自昉至兢十三世同居長幼七百口不畜僕妾上下姻睦人無間言每食必群坐廣堂未成人者別為一席有犬百餘亦置一槽共食一犬不至群犬皆不食

詩 七百餘人未忍分高曾叔姪曁仍雲十三嗣世同炊爨每食長筵列作群　敦睦家風世所崇詵詵長幼一堂中欲知感化冥冥裏看取槽中百犬同

범듕엄이져보ᄅᆞᆯ갓시다가
니ᄒᆞ야ᄂᆞ믈줄겨주되텨구
아ᄅᆞᆷ홧ᄒᆞ야추히ᄒᆞ터니벼
ᄉᆞᆯ노피되야논고올갓ᄊᆞ이
됴ᄒᆞᆫ밧기삼빅믹ᄉᆞᆫ샤괴잫
을밍ᄀᆞ라모도아ᄅᆞᆷ의가난
ᄒᆞᆫ니ᄅᆞᆯ이밧티니아ᄅᆞᆷ뮤샛
나하고어더니ᄒᆞᆫ나ᄒᆞᆫ줄히
야ᄀᆞᄅᆞᆷ아라집거ᄉᆞᆫ내며드
리터니ᄒᆞᆫ나히ᄒᆞ루ᄒᆞᆫ되ᄡᆞᆯ
먹고ᄒᆞᆫ히예깁오필곰니펴
며남진겨집어리며상ᄉᆞ애
다유여히주티라지샹되야
셔본향고ᄋᆞᆯ히분확졔가밧
고ᄀᆡ거터보라ᄒᆞ니깁삼쳔
필ᄇᆞᆫ잇셔놀셔리ᄒᆞ야아ᄅᆞᆷ
과ᄆᆞ올히아ᄂᆞᆫ사ᄅᆞᆷ크거나

쟈그나다래루ᄒᆞ야그깁을
ᄒᆞ리다주라콘닐오ᄃᆡ아옴
파ᄆᆞ올들히내의ᄌᆞ라ᄂᆞᆯ
화벼슬ᄒᆞ거든보고날로다
깃거ᄒᆞᄂᆞ니엇뎌가ᄑᆞ리오

范仲淹輕財好施尤厚於族人既貴於姑蘇近郭買良田數千畝為義莊以養群從之貧者擇族人長而賢者一人主出納人日食米一升歲衣縑一匹嫁娶喪葬皆有贍給自政府出歸姑蘇焚黃搜外庫惟有絹三千匹令掌吏錄親戚及閭里知舊自大及小散之皆盡曰宗族鄉黨見我生長幼學壯仕為我助喜何以報之哉

詩 千畝良田豈自圖盡施宗族遍親疎匹衣升食無他費婚葬相扶亦有餘 庫中搜得三千絹一日親知盡散之聊報鄉閭助吾喜相公曾不念家私

누구ᄯᅬ그집이여러ᄃᆡ로ᄃᆞᆫ
ᄃᆡ므다사티니만열순호나
ᄒᆞ지아비되여셔ᄒᆞᆫ집이를
거걸ᄒᆞ야ᄒᆞ더라ᄒᆞ마다ᄌᆞ
ᄐᆡ롤ᄒᆞ여논화집외ᄅᆞᆯ
ᄐᆡ물곳ᄐᆡ디예공셰내며ᄃᆞ
리기롤ᄒᆞ며음식입그라ᄂᆞᆫ
ᄃᆡ졉ᄒᆞ기롤각각ᄆᆞ옴아라
잇셔니ᄒᆞᄯᅬᄆᆞᄅᆞ치며뎡겨
ᄒᆞ노ᄇᆞᆯ로글지어새배니러
옷듬ᄯᅡ이모도ᄌᆞ뎨두리고
ᄉᆞ당의가뵌후에ᄇᆞᆸ뎌고그
글롤외와들이ᄐᆡ라ᄌᆞ뎨ᄒᆞ
믈이잇거든옷ᄉᆞᆷ나니모ᄃᆞᆫ
ᄌᆞ뎨롤모도고외며ᄒᆞ야ᄆᆞ
ᄅᆞ쵸ᄃᆡ고티디아니커든티
고내종내고티디못ᄒᆞ야두

二倫圖

三十

디몯ᄒᆞᆯ가 시브거든 구이여
닐버 멀리 내티더라

陸九韶其家累世義居一人最長者爲家長一家之事聽命焉歲選子弟分任家事凡田疇租稅出納庖爨賓客之事各有主者九韶以訓戒之辭爲韻語晨興家長率衆弟子謁先祠畢擊鼓誦其辭使列聽之子弟有過家長會衆子弟責以訓之不改則撻之終不改度不可容則言之官府屛之遠方焉

詩 割户分門薄俗然義居陸氏事堪傳區分職任由家長出納承迎禮罔愆　韻語丁寧是訓辭晨興擊鼓謁先祠固知有教元無類誰敢將身蹈匪彝

텽몬시그집이열뉘롤ᄒᆞᆫ뒤
사라모도아이빅마오나모
ᄒᆡ러니ᄒᆞᆫ낫돈ᄒᆞᆫ잣깁도아
ᄅᆞᆷ띄로아니ᄒᆞ더라텽문시
죽거ᄂᆞᆯᄉᆞ촌아ᄋᆞ대화니어
집의일ᄆᆞ옴아로되더옥엄
졍ᄒᆞ고은혜이셔집안히식식
ᄒᆞ야ᄀᆞ이ᄯᅩᆺ더라조뎨ᄒᆡ
ᄋᆞᆯ잇서든비록멀이셰니라
도다티터라미야명일ᄉᆡ어
든대화대렬에안서든모로
앗보쳐ᄅᆞᆯ히미못ᄯᅩ조쳐찬
텨ᄆᆞᆫ집의貨什가太뎨ᄆᆞ온
나가졀ᄒᆞ고ᄉᆡ러찬자바헌
슈ᄒᆞ고풍거ᄒᆞ야소맛ᄃᆞᆼ곳
고옷텩크로ᄃᆞ라나오니ᄂᆞᆫ
사ᄅᆞᆷ로차탄코브림ᄒᆞ더라

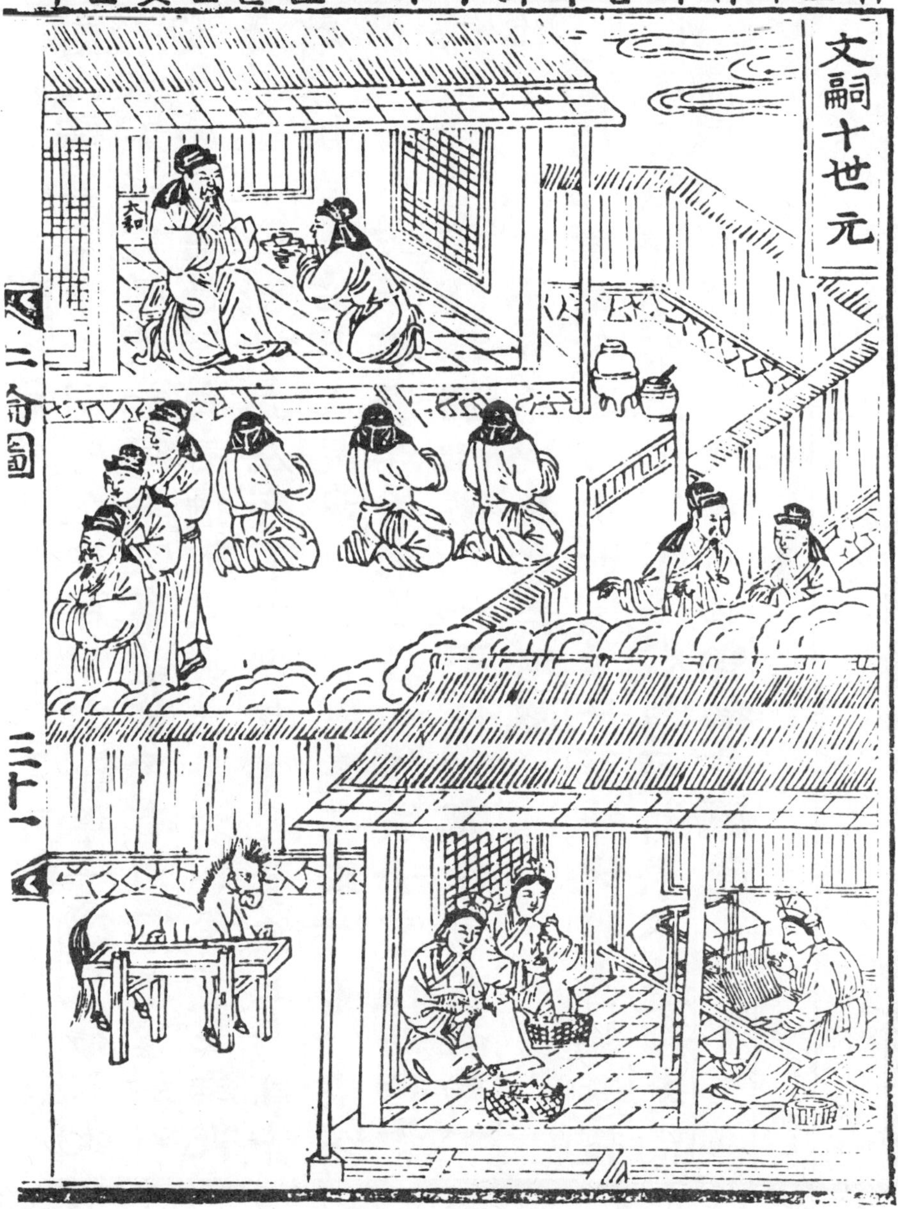

여궐이란아비글을위ᄒᆞ야
텨동졀뎨일가라ᄒᆞ야포샹
ᄒᆞ니라대화졍딕ᄒᆞ야죵이
며도ᄉᆞ의일아니코의식쥬
ᄌᆞ가례대로ᄒᆞ더니ᄌᆞ손이
다효도코삼가더라모도며
ᄂᆞ리들홀ᄒᆞ고집비길만히이
고집읫공ᄉᆞ를참예가니귀
ᄒᆞ더라집의두ᄆᆞᆯ를두뵈ᄒᆞ
ᄆᆞᆯ곳나가면ᄒᆞᄆᆞᆯ이음식아
니먹더니사ᄅᆞᆷ이ᄒᆞ되감화
ᄒᆞ야그러타ᄒᆞ더라

鄭文嗣其家十世同居凡二百四十餘年一錢尺帛不敢私文嗣沒從弟大和繼主家事益嚴而有恩家中凜如公府子弟稍有過頒白者猶鞭之每歲時大和坐堂上群從子皆盛衣服鴈行立左序下以次進拜跪奉觴上壽畢皆肅容拱手自右趨出見者嗟羨余闕為書東浙第一家以褒之大和方正不奉浮屠老子教必稽朱子家禮而行子孫從化皆孝謹諸婦唯事女工不使預家政家畜兩馬一出則一為之不食人以為孝義所感

詩 怡怡肅肅政連綿　十世同居二百年　伏臘壽觴遵禮教　傍觀嘖嘖嗟群賢

家法嚴恩冠浙東　不遵釋老尚儒風　諸孫孝謹皆從化　畜物雖微亦感通

뫅원ᄇᆡᆨ이비뎌ᄅᆞᆯ다디밥지
여먹디아니ᄒᆞ야집읫사ᄅᆞᆷ
이원ᄇᆡᆨ이나모뒤ᄉᆞ이예말
이업더라나랄모도거집이
며떠느리ᄃᆞᆯ로ᄒᆞᆫ뒤모다셔
일ᄒᆞ야호고애벼허두프아
룸도이관슈아니ᄒᆞ더라아
히울어든모도어미보니조
초아나젓먹이니ᄒᆞ면느리
쥐어버의집의갈쥐아기ᄅᆞᆯ
두고가면모도며느리모다
젓머겨아모아기제ᄌᆞ식인
줄ᄅᆞᆯ모ᄅᆞ며아기도아믜쥐
어민줄울모루티라원ᄇᆡᆨ외
형셔ᄇᆡᆨ이주거ᄂᆞᆯ집의이ᄅᆞᆯ
형의아두리게맛뎌대그아
두리ᄉᆞ양ᄒᆞ뒤아자비홀거

시라 원ᄇᆡᆨ이 닐오ᄃᆡ 네 ᄉᆞᆼ둥ᄒᆞᆫ ᄌᆞ식이라 네 ᄒᆞᆯ거시라 서르 오래 ᄉᆞ양타가 내 종애 아ᄎᆞᆫ가 돈 맛다니 후에 나라히 뎌 어더다 ᄒᆞ야 홍문 셰니라

王元伯四世不異爨家人百餘口無間言日使諸女諸婦各聚一室爲女工畢斂貯一庫室無私藏幼兒啼泣諸母見者卽抱哺一婦歸寧留其子衆婦共乳不問孰爲己兒兒亦不知孰爲己母也兄宣伯卒卽以家事付姪執執辭曰叔父行也叔宜主之元伯曰姪宗子也姪宜主之相讓旣久卒以付執至元間旌表其門

詩 四世同炊不折居女工勤聚不私儲兒啼見者爭相乳不問阿孃大小姐 已矣凡亡可得追盡將家事付宗兒一門叔姪相推讓高義堪爲後世師

범식이당원빅과본향의갈
제닐오ᄃᆡ훗두히예도라디
나갈제그ᄃᆡ어마님을뵈
ᄋᆞ오링이다날뎡ᄒᆞ고그날
이갓가와오거ᄂᆞᆯ원빅이차
반ᄆᆡᆼᄀᆞ라지라ᄒᆞᆫ대어미닐
오ᄃᆡ두히여희여먼니셔닐
ᄋᆞᆫ말ᄋᆞᆯ엇디미드료ᄒᆞᆫ대원
빅이닐오ᄃᆡ거경은유신ᄒᆞᆫ
사ᄅᆞᆷ이라그릇ᄒᆞ디아니ᄒᆞ
링이다ᄒᆞ야ᄂᆞᆯ어미닐오ᄃᆡ
그러ᄒᆞ면술비조리라그날
애과연히와어미게절ᄒᆞ고
술머그니거경은범식괴저
라후에원빅이병디텨셔닐
오ᄃᆡ내죽쟈사쟈사피논벗
범식을몯보애라ᄒᆞ고이옥

三綱圖 三十三

됴죽으니범식이ᄭᅮᆷ에원ᄇᆡᆨ
이블러닐오ᄃᆡ거경아내아
모날죽어아모ᄃᆡ송장ᄒᆞᄂᆞ
니날보ᄃᆡ아니커든미처오
나라범식이ᄃᆞ려가니ᄇᆞᆯ셔
발인ᄒᆞ야무들ᄃᆡ해가ᄃᆡ
곽이아니가거늘그어미곽
을모지며머믈리두고보니
흰몰게울고오거늘어미닐
오ᄃᆡ이반ᄃᆞ시거경이로다
거경이와상여로투드리며
닐오ᄃᆡ니거라원ᄇᆡᆨ아길히
다ᄅᆞ니이리ᄉᆈ여ᄒᆞ자범식
이곽을자바ᄃᆞᆯ의니곽이나
아니거늘거긔이셔뭇고나
무ᄃᆞ므고가니라

范式與張元伯並告歸鄉里式謂元伯曰後二年當過拜尊親乃共尅期日期將至元伯請設饌以候之母曰二年之別千里結言何相信耶對曰巨卿信士決不乖違母曰若然當醞酒至其日巨卿果至升堂拜飲巨卿式字也後元伯疾篤歎曰恨不見吾死友范巨卿尋卒式忽夢見元伯呼曰巨卿吾以某日死某時葬子未我忘豈能拒及式便馳往赴之喪已發引既至壙而柩不肯進其母撫之遂停柩移時乃見素車白馬號哭而來母曰是必巨卿也巨卿既至叩喪言曰行矣元伯死生異路永從此辭式因引柩於是乃前式遂留止冢次為脩墳樹而去

詩 千里相期二載餘眼青堂上見華裾壽觴共進浮春色始喜吾兒語不虛　白馬馳來是巨卿夢中相感亦丁寧攀號永訣柩還進誠信應通地下靈

루호의벋ᄡᅥ녀공이곤ᄒᆞᆨ되업
서가거ᄂᆞᆯ루회녀공파ᄒᆞᆫᄃᆡ
밥먹오며루호의겨집도녀
공의겨집파ᄒᆞᆫᄃᆡ밥먹은셔
오래거ᄂᆞᆯ쳐ᄌᆞ식이ᄆᆞ장ᄋᆞᆯ
회여ᄒᆞ티니루회울며쳐ᄌᆞ
식을ᄭᅮ지져ᄇᆞ오ᄃᆡ녀공은
뎃벗디니늙고궁박ᄒᆞ여내
게와의탁ᄒᆞᄂᆞ니녀편ᄒᆞ여
야올ᄒᆞᆯ니라ᄒᆞ고녀공을죽
도록이바ᄃᆞ니라

樓護養呂 漢

二倫圖 三十四

樓護有故人呂公無所歸護身與呂公妻與呂嫗同食後護妻子頗厭呂公護流涕責妻子曰呂公故舊窮老託身於我義所當奉遂養呂公以終身

詩 故人投我爲無歸義所當爲不敢辭身勸呂公妻勸嫗一盤麁糲當甘肥　久寓人情生厭斁樓公垂涕責妻孥慇懃奉養終身世舊意從前誓不渝

쵹나라댱예파군원이되여
셔티믄졔양공과사괴더니
양공이일죽고ᄌᆞ식이두어
설도못ᄒᆞ엿거ᄂᆞᆯ댱예ᄃᆞ려
다가집을노화사티니양공
의엄이ᄅᆞᆯ셤기티내엄이잇
티ᄒᆞ야양공의ᄌᆞ식이ᄌᆞ라
거ᄂᆞᆯ겨집얼이고집뎌디며
셰간주어살게ᄒᆞ니라

蜀國張裔先主以爲巴郡太守少與揚恭友善恭蚤死遺孤未數歲裔迎留與分屋而居事恭母如母恭之子息長大爲之娶婦買田宅產業使立門戶

詩 少結金蘭著意長死生雖異義何忘撫孤將母皆如已竟置田莊使主張　友道由來貴不渝張公信義孰能儔世間覆雨飜雲者見此寧無愧汗流

나도종이ᄆᆞ옴이강개ᄒᆞ고
곳디니텽관죄외샹소ᄒᆞ다
가외다ᄒᆞ여남빅킈귀향가
티니ᄒᆞᆷᄭᅴ귀향가며사패ᄂᆞ
니길헤가병ᄒᆞ여주ᄅᆞᆯ제몰
고ᄂᆞᆯ오되사ᄅᆞᆷ이주ᄅᆞᆯ거시
이니와ᄒᆞᆫ자ᄂᆞ뫼ᄯᅡ해ᄲᅧᄅᆞᆯ
티디련티도종이닐오되나
ᄌᆞᆺ도라오면내죵내그ᄃᆡ로
ᄒᆞᆫ자예잇게아니ᄒᆞ리라길
ᄉᆞ애못고ᄀᆞᆺᄲᅡ가ᄒᆞᆫ히나마
샤나거ᄂᆞᆯ울켜맛초와비와
물이만커ᄂᆞᆯ무ᄃᆞᆫᄯᅡᄒᆞᆯ일코
도종이드르헤셔우노라ᄒᆞ
니물결가온대셔ᄲᅡᆷ노ᄂᆞᆫ
도ᄒᆞ거ᄂᆞᆯ도종이닐오되주
검곳잇셔믄다시ᄲᅡᆷ놀라ᄂᆞᆺ

니르니 믈이 ᄯᅩ 솟거ᄂᆞᆯ 신톄롤 어더 지여 본향외 도라 오니라

羅道琮慷慨尚節義貞觀末上書忤旨徙嶺表有同斥相善者死荊襄間臨終泣曰人生有死獨妻骨異壤耶道琮曰吾若還終不使君獨留此瘞路左去歲餘遇赦歸方霖潦積水失其殯處道琮慟諸野波中忽若溢沸者道琮曰若屍在可再沸祝已水復湧乃得屍負之還鄉

詩 天涯同謫共辛酸委骨殊方涕自潸珍重臨終盟約在將身何忍獨生還
鷄書似與潦相期草葬江邊失所之一片丹誠天感應波中溢沸豈人為

오보안은곽듕샹의ᄒᆞᆫᄆᆞ올
사ᄅᆞᆷ이라듕샹이궁박ᄒᆞ믈
을어엿비너겨힘써쳔거ᄒᆞ
여쟝쉬괴벼슬롱이니후에
듕샹이되게자피여가깁일
쳔필받고야노하보내려키
놀보안이사내고져ᄒᆞ되갑
시업서힘써ᄒᆞᆼ졍ᄒᆞ여열
ᄒᆡᆺ만의깁칠ᄇᆡᆨ필어터되믈
주고듕샹을내여그니라후
에듕샹이업의거상벗고블
오되내오보안의덕의사라
나니이제업이죽으니내ᄠᅳᆺ
대로ᄒᆞ리라그쥐거보안이
나가죽고겨집도죽어셔신
톄를못가져왓거ᄂᆞᆯ듕샹이
위ᄒᆞ여거상닙고뼈주어터

히신벗ᄲᅵ지여가송장ᄒᆞ고
삼년시묘살고보안의조식
ᄃᆞ려다가겨집얼이고제벼
ᄉᆞᆯᄋᆞᆯ주니라

吳保安郭仲翔里人也仲翔哀其窮力薦之表為掌書記後仲翔被執於蠻必求千縑乃肯贖保安營贖仲翔苦無貲乃力居貨十年得縑七百即委蠻得仲翔以歸後仲翔居母喪及服除喟曰吾賴吳公生今親沒可行其志時保安客死妻亦沒喪不克歸仲翔為服縗絰囊骨徒跣負之歸葬廬墓三年迎保安子為娶妻而讓以官

詩 授蠻乞救恨家貧力索千縑贖一身負葬服縗還守墓感恩終報再生人

滔滔盡是翻雲手千古稀逢信義中感激恩情期必報兩人高操激媮風

니면이겨믄졔기반ᄒᆞ여나
가ᄂᆞ되여ᅀᅥ션뵈돈파ᄒᆞᆫ쥬
인에ᄆᆞᆺ셔니ᄒᆞᆫ션비병ᄒᆞ여
주글제은을니면이주며닐
오ᄃᆡ겨틧사ᄅᆞᆷ이모ᄅᆞᄂᆞ니
그ᄃᆡ이은을날송장애ᄡᅳ고
남거든그ᄃᆡ가지라니면이
그리ᄒᆞ뎡ᄒᆞ고송장ᄒᆞᆫ후에ᄆᆞ
마니그은을ᄑᆡᆨ아래녀코가
니후에계졉사ᄅᆞᆷ이니면이
믈뵈라가니니면이ᄂᆞ려가
무텀여러은을내여주니라

李勉少貧客梁宋與諸生共逆旅諸生疾且死出白金曰左右無知者幸君以此爲我葬餘則君自取之勉許諾既葬密置餘金棺下後其家謁勉共啓墓出金付之

詩 逆旅同棲幾苦辛臨終訣語忍堪聞死生付托無相負高義千秋孰似君　葬君餘是爲吾物若取而歸是負心密取餘金棺下置此心皎皎彼蒼臨

셔회의사괴ᄂᆞᆫ양빅이죄니
버펌마져남해원을가거ᄂᆞᆯ
아ᄋᆞᆷ벗ᄃᆞᆯ히저허가보리업
티니셔회ᄒᆞᆫ자멀리가ᄌᆞᆷ숑
ᄒᆞᆫ대져샹권틱에닐오되남
해원틴송ᄒᆞᄂᆞ니외다ᄒᆞ여ᄂᆞᆫ
엇ᄃᆞᆺ다셔회닐오되내벼슬
모ᄌᆞᆷ져긔남해나ᄅᆞᆯ아티니
이제太마보리라ᄒᆞ더라여
풍이ᄂᆞ미게할티나가거든
그리ᄒᆞᆫ거시잇ᄉᆞ틱에그교
둔주ᄅᆞᆯ일ᄏᆞᆺ더라니이교ᄋᆡ
셔회ᄅᆞᆯ쳥거ᄒᆞ여감찰ᄒᆞ여ᄉᆞ
ᄎᆡ여도가사례ᄒᆞ고쳔거ᄒᆞᆫ
주ᄅᆞᆯ무ᄅᆞᆫ대이교이닐오되
그ᄃᆡ양남하ᄅᆞᆯ지여ᄇᆞ리디
아니커니나라ᄒᆞᆯ지여ᄇᆞ릴

다ᄒᆞ더라

徐晦所善楊憑得罪貶臨賀尉姻友憚累無往候者獨晦至藍田慰餞宰相權德輿謂曰君送臨賀誠厚無乃為累乎晦曰方布衣時臨賀知我今忍遽棄耶有如公異時為奸邪潛斥又可爾乎德輿歎其直稱之朝李夷簡遽表為監察御使晦過謝問所以擧之之由夷簡曰君不負楊臨賀肯負國乎

詩 自許相知舊布衣那堪遠謫送將歸一身有累何曾計送至藍田不忍離　相公推薦應非苟稱職終為御史官不負相知寧負國高名一日上朝端

송나라사ᄅᆞᆷ사되몽당ᄀᆞᆯ싀
가난ᄒᆞ여길나디몯ᄒᆞ엿거
ᄂᆞᆯ권당돌ᄒᆡ돈삼만낟모도
와주니길나가다가아ᄇᆡ벋
티옹의집의디나ᄃᆞ니녀옹
이주거셔송장몯ᄒᆞ여그ᄯᆞᆯ
믈뮤라ᄒᆞ려커ᄂᆞᆯ사되제잘
빗돈을다내여주고ᄯᅩ그ᄯᆞᆯ
믈냥진녈이게ᄒᆞ니라

查道淳化中初赴擧貧不能上道親族裒錢三萬遺之道出滑州過父友呂翁家翁喪無以葬母兄將鬻其女以辦襄事道傾槖中錢悉與之又嫁其女

詩 義重財輕見最明貧難赴選亦無營却將親戚裒錢槖都為先人執友傾　元振今亡可奈何唯謀鬻女不謀他槖錢傾與供襄事葬母埋兄濟一家

한억이외나약국이ᄀᆞᆸ테못
ᄒᆞ야신제다가난ᄒᆞ티니ᄒᆞᆼ
서쉬올통당가쉬나도ᄇᆞᆯ케
시루죵이되티라약곡이몬
ᄎᆡ급테ᄒᆞ며댱샤원ᄒᆞ야갈
제거집의몰경마ᄒᆞ고한억
이점지며끄올못미취ᄒᆞᆫ흠
게또ᄒᆞ여셔블오뒤고올사
롬이올가커페라ᄒᆞ고짐에
다므돈이뉵빅이잇셔놀란
올한억이주고쉬루잡고마
장올죠가니ᄒᆞᆫ방에한억여
도ᄀᆞᆸ테ᄒᆞ며ᄇᆡ숨참졍지이
ᄒᆞ며ᄒᆞᆫ인ᄀᆞ기를그치저아
니ᄒᆞ더라

韓億李若谷未第時皆貧同試京師每出謁更為僕李先登第授長社縣主簿赴官自控妻驢億為負一箱將至縣三十里李謂韓曰恐縣吏來箱中只有錢六百以其半遺韓相持大哭而去後舉韓亦登第仕皆至叅政為婚姻不絶

詩 二子同時舉上都何嫌出謁迭為奴由來貧賤交尤密榮辱升沉兩不渝　自控妻驢赴縣時韓生猶復負箱隨分餞道上相持哭從此連姻義莫虧

범슌인이ᄂᆞᆫ듀엄의아ᄃᆞ리
라부몽엄이슌인이ᄒᆞ여고소
고올가밀오ᄇᆡ섬을비집ᄒᆞ
여오라ᄒᆞᆫ대슌인이나히져
멋ᄉᆡ니도라올제단양의셕
만경이를본대만경이날오
ᄃᆡ내오반ᄃᆡ두돌이로ᄃᆡ세
신톄을빙소ᄒᆞ여두고송장
ᄒᆞ고가려ᄒᆞ니ᄃᆡ부리니를
ᄃᆡ엽ᄉᆡ라슌인이재밀실은
비채ᄅᆞ주고ᄒᆞᆫ자집의와아
비뵈ᄋᆞ모셔셧거놀듀엄이
닐오ᄃᆡ게가벗보ᄂᆞ다슌인
이닐오ᄃᆡ만경이세샹ᄉᆞ총
장못ᄒᆞ여단양의셔무그며
이케팍원진ᄀᆞ토사름이엽
스니뵐올ᄃᆡ엄셰라ᄒᆞ더이

다듕엄이닐오ᄃᆡ엇디밀실
온비롤주디아니ᄒᆞᆫ다슌인
이ᄉᆞᆯ오ᄃᆡ섈셔주니이다ᄒᆞ
더라

范純仁仲淹子也仲淹在睢陽純仁到姑蘇搬麥五百斛純仁時尚少既還舟次丹陽見石曼卿問寄此久何也曼卿曰兩月矣三喪在淺土欲葬而北歸無可與謀者純仁以所載麥舟付之單騎到家拜起侍立良久仲淹曰東吳見故舊乎曰曼卿為三喪未舉方留滯丹陽時無郭元振無可告者仲淹曰何不以麥舟付之純仁曰付之矣

詩 誰教小范徃姑蘇大范親提汗血駒搬到義莊輸老子麥舟五百視錙銖　歸來侍立喜津津不問歸裝問故人倘不麥舟付襄事兹行終是負嚴親

후ᄀᆡ화원뎐을ᄒᆞ니져믄톄
복티신안이와사피티니신
안이병ᄒᆞ엿거ᄂᆞᆯ셩ᄂᆡ에가
의원엇티니도라오디몯ᄒᆞ
여셔신안이죽이눈ᄂᆞᆫ곰디
아니귀ᄂᆞᆫ사ᄅᆞᆷ이ᄂᆞᆯ오뒤후
가ᄅᆞ기도로노라얄이벤ᄂᆞᆫ
다대렴ᄋᆞᆯ만ᄒᆞ면오리라ᄒᆞ
고소노로민지니누ᄂᆞᆯᄆᆞ
니라신안이조식엽서ᄒᆞ장
몯ᄒᆞ여ᄒᆞ거ᄂᆞᆯ후개슈고ᄒᆞ
며옷ᄉᆞᆯ라슈ᄅᆞᆯ주어내죵내
영장ᄒᆞ니라후개비야호로
치온졔ᄒᆞᆫ옵고잇다ᄒᆞ여
온주리잇더니신안이누의
겨녀로인ᄂᆞ줄을보고그은
을주어결속ᄒᆞ라ᄒᆞ니라훈

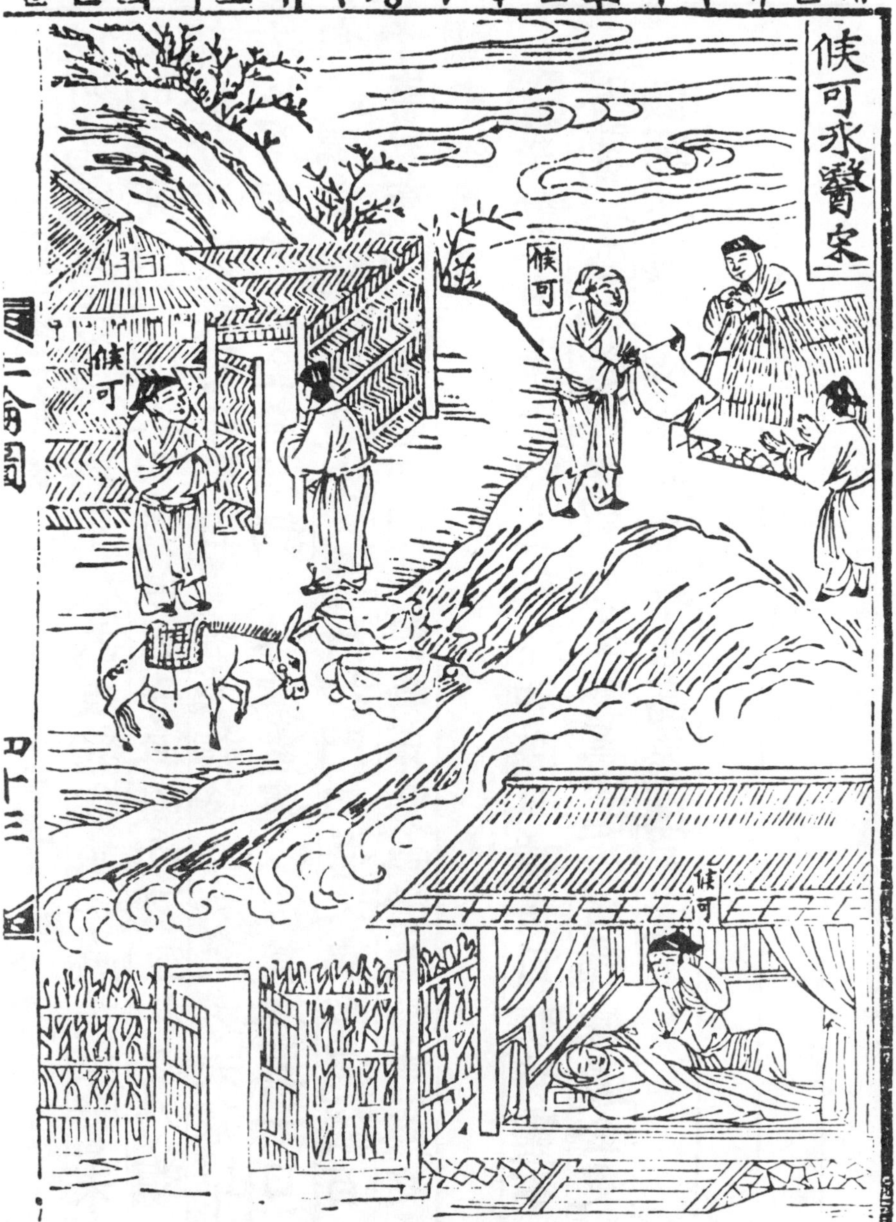

三綱圖 四十三

로멀리나갓다가오니집의
셔ᄡᅳᆯ것업세라니르티니마
조아벗과힝이와날오뉘내
아비병ᄋᆞ여의원의게ᄑᆞ티
라ᄒᆞ니돈눈만히달라ᄒᆞ니
내집을ᄑᆞ라도못ᄌᆞ라리로
다ᄒᆞᆫ대후개어엿비너겨ᄒᆞ여
여보니제집에온거시거의
ᄌᆞ랄가시브거ᄂᆞᆯ다주니라

侯可為華原主簿以與申顏為友顏病重千里為求醫未歸而顏死目不瞑人曰其侯君乎且斂而可至拊之乃瞑顏無子不克葬可辛勤百營辦衣相役卒葬之方天寒單衣以居有饋白金者顧顏之妹處室舉以佐其奩具一日自遠歸家以窶告適友人郭行扣門曰吾父病醫邀錢百千賣吾廬而不可售可惻然計橐中裝略當其數盡與之關中稱為賢

詩 辛勤千里遠求醫　生死那知隔此時　張目瞑時靈不昧　營辦衣空相送終儀　郭生罄橐還資急　顏妹遺金更顧窮　不負一心生死際　華原高義薄層空

한시졀윤챵이ᄒᆞᆫ고ᄋᆞᆯ오쟝
이ᄅᆞᆯᄉᆞ싱사맛뎌니왕망이
오쟝이ᄅᆞᆯ주기고오쟝의뎨
ᄌᆞ일쳔나ᄆᆞ니윤ᄎᆞ도당이라
ᄒᆞ여다금고ᄒᆞ야벼슬몯ᄒᆞ
게ᄒᆞ니다곳뎨다ᄅᆞ니ᄅᆞᆯᄉᆞ
싱삼뎌니윤챵이쥐벼슬말
고내오쟝의뎨저ᄅᆞ라ᄒᆞ고
오쟝의신뎨ᄅᆞᆯ아나엽관ᄒᆞ
야ᄉᆞᆼ쟝ᄒᆞ여셔울히길ᄌᆞᆺ뎌
라왕슌이어디리녀겨쳔거
ᄒᆞ여듕낭교태우벼슬ᄒᆞ이
니라

二倫行實師生圖

云敬自劾 漢

二倫圖

漢云敞師事同縣吳章平帝時章爲博士王莽秉政章忤莽坐腰斬當是時章弟子千餘人莽以爲惡黨皆當禁錮不得仕宦乃盡更名他師敞時爲大司徒掾自劾吳章弟子收抱章屍歸棺斂葬之京師稱焉車騎將軍王舜高其節義薦爲中郎諫大夫

詩 吳章忤莽坐腰刑畏禁門人盡更名獨有先生能自劾斂葬骸骨答恩情　式轂成人誨在師事三如一分當宜先生一擧扶名教此義須令學子知

환영이져믄졔셔울가ᄂᆞᆫ비
화구강의잇ᄂᆞᆫ쥬보ᄅᆞᆯ셤겨
샹셔ᄅᆞᆯ비호되가난ᄒᆞ여ᄇᆞᆯ
것업셔샹해ᄂᆞᄆᆡ일ᄒᆞ여먹
고셔힘ᄡᅥ게을이아니ᄒᆞ여
열ᄒᆡᄅᆞᆯ집의일보디아니터
라마초아쥬뵈죽거ᄂᆞᆯ환영
이분상ᄒᆞ여구강의가ᄒᆞᆰ지
여무덤ᄆᆡᆼ골고인ᄒᆞ여이셔ᄀᆞᆯ
ᄆᆞ르치니톄지이ᄇᆡᆨ이나ᄒᆞ
더라

三綱圖

45 a

桓榮少學長安習歐陽尚書事博士九江朱普貧窶無資
常客傭以自給精力不倦十五年不窺家園會普卒榮奔
喪九江負土成墳因留教授徒衆數百人

詩

生三事一理斯存世之隆儒孰扣昏桓氏也能知此
義奔喪負土報前恩　食貧都下習書經十五年來力
致精尊寵竟蒙稽古力何曾一字忘先生

위나라관되니허여락믄인
제호고을잇노악은의게가
급비호엿니후에악은이장
균하묘의냥텽이되여가거
놀관되조차가글주자비호
터니셔울이어즈러워하묘
와악은이다죽거늘관되악
은의피조소뢰관사름이잡
놀울두리디아니호고므리
가락은의신피를교슈호여
가져오다가또길히독쳐만
나소노등은다놀아나고도
젹이피얼혜텨내여쓰려커
놀관되울고말라호대도젹
이어디리녀겨브리고가니
이일로일홈나니라

二倫圖

三國魏韋招年十餘歲詣同縣樂隱受學後隱為車騎將軍何苗長史招隨卒業值京師亂苗隱見害招與隱門生史路等觸蹈鋒刃共殯斂隱屍送喪歸還道遇寇鈔路等皆悉散走賊欲斫棺取釘招垂淚請免賊義之乃釋而去由此著名

詩 當年從學在髫稚遇亂師亡最可悲冒刃斂屍還舊里蒼皇終不負吾師

道逢頑寇亂干戈史路先奔獨奈何一寸丹誠終感賊斫棺凶禍不能加

양시ᄂᆞᆫ쇼비명도쇼셩의게
도혹올ᄇᆡ화왓다가쇼셩이
죽ᄃᆞᆫ말듯고히우밍마라노
코울고호디비호터사ᄅᆞᆷ의
개유무ᄒᆞ여알외니라후에
유작이와ᄒᆞᆫᄣᅢ가이쇼셩
을뵈터니이ᄣᅢ쇼셩이눈ᄀᆞᆷ
끄안잣거ᄂᆞᆯ둘ᄒᆡ뫼셔섯터
니ᄭᆡ여볼오디그디니그쳐
겨시터니오ᄂᆞᆯ이집그러시
니가쉬라ᄒᆞ샤문밧긔나니
눈이ᄡᅡ히ᄒᆞᆫ자히러라

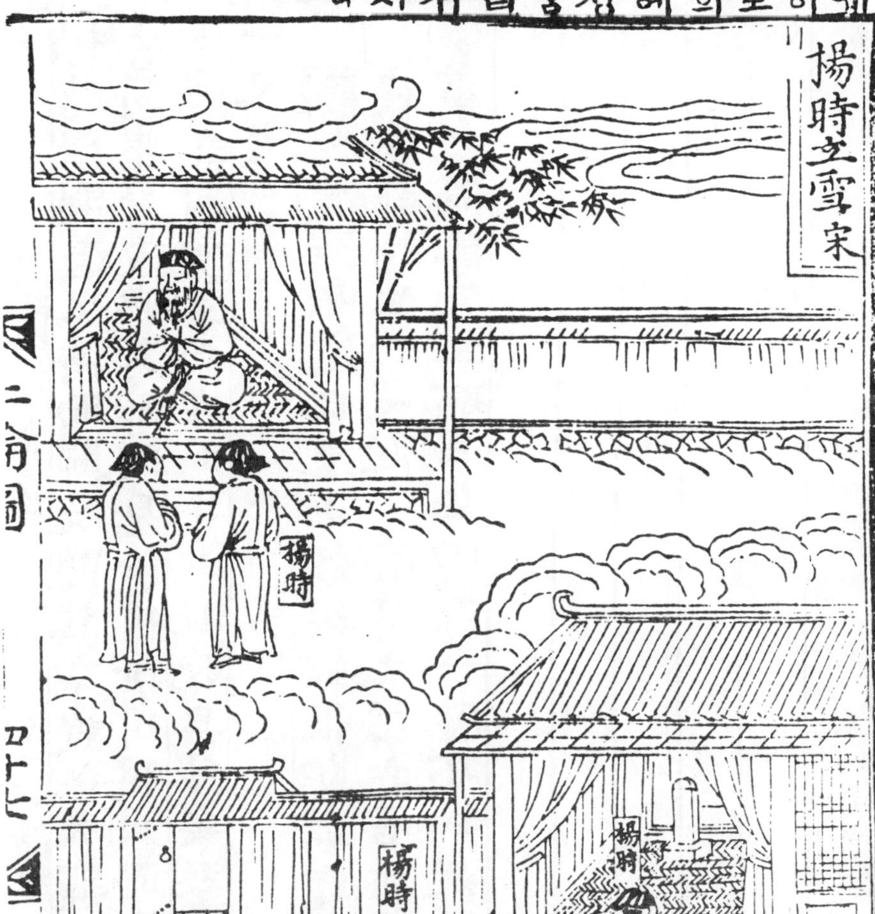

楊時得明道之傳而歸及聞其卒設位哭寢門而以書訃告同學者後與游酢同見伊川伊川瞑目而坐二子侍立既覺謂曰賢輩尚在此乎今既晚且休矣及出門外雪深一尺矣

詩 學道歸來道已東山頹梁毀恨難窮寢門慟擗知天喪為訃諸生共哭從 吾師之弟亦吾師却與游君共事之偶值先生瞑目坐雪深一膝不知疲

채원뎡의아비발이글올안
히보아뎡시어록파쇼시경
셰와댱시졍몽으로원뎡이
을ᄀᆞᄅᆞ쳐닐오ᄃᆡ이공ᄆᆡᆼ
ᄌᆞ의바론줄긔이라원뎡이
그ᄠᅳ들깁피아라임의ᄌᆞ라
노ᄅᆞᆯ희여ᄎᆞ리물ᄐᆡ옥졍ᄒᆞ
ᄒᆞ야셔산의올라주려셔ᄂᆞ
몰먹고굴벅티라쥬희의일
홈올듯고가ᄉᆞ싱ᄉᆞᆼ으니쥬
희빈홈거솔무러보고ᄀᆞ장
놀나닐오ᄃᆡ이ᄂᆞᆫ내늘근버
지오테ᄌᆞ의뉴에두디몯ᄒᆞ
리로다ᄒᆞ고호상의안자글
기픈ᄠᅳᆮ의논ᄒᆞ여밤듕의니
르더라ᄉᆞ방의셔와빈홀사
롬올반ᄃᆞ시몬져원뎡의게

元定對榻宋

조차질졍ᄒᆞ더라

蔡元定父發博覽群書以程氏語錄邵氏經世張氏正蒙授元定曰此孔孟正脉也元定深通其義旣長辨析益精登西山絶頂忍飢食虀讀書聞朱熹名往師之熹叩其學大驚曰此吾老友也不當在弟子列遂與對榻講論諸經奧義每至夜分四方來學者必俾先從元定質正焉

詩 蔡公問學自家庭處已尋師要道成勤苦西山通正脉紫陽初見亦應驚

力學精思素性存青年探討見真源晦庵叩學難爲友師道何慚一世尊

丁未四月日
箕營開刊

二倫行實圖 終

二倫行實圖 全

二倫行實圖序

天生蒸民有物有則該而目之為五倫撮
而揭之為三綱皆根於人心之所固有天
理之所當然其曰倫曰綱非有二也
本朝三綱行實之書旣廣布中外人人皆知
忠臣孝子烈婦之行為可仰也莫不感激
奮礪以興起其善心獨於長幼朋友二倫
未之見焉今慶尚道觀察使金公諱安國
嘗在政院入侍
經幄請撰二倫行實添續三綱以備觀感

上可之下禮曹令設局撰進
命未及行而公出按于南首囑前司譯院正曹
伸撰集歷代諸賢處長幼交朋友其行跡
可為師法者得若干人於兄弟啚附宗族
於朋友啚附師生紀事啚贊諺譯悉倣三
綱行實刊于金山郡請余為序余受而讀
之為之言曰書曰立愛惟親立敬惟長始
于家邦終于四海曾子曰君子以文會友
以友輔仁蓋敬長所以廣其悌也取友所
以輔其德也將使一國之人人人興於悌

以敬其長則風俗其不厚乎人人取其友以輔其德則善人其不衆乎風俗厚則上下安善人衆則治道進然則是書自當與三綱行實並行於世為

聖朝教化之基本豈不懿歟恭惟我

主上殿下聖智天縱日與賢士大夫討論經史講劘治道莫不以教化為致治之先務公能上體

聖意賦政之初汲汲焉編輯是書刊行州里以扶植彝倫為化民之本而躬率礪師生以

考其德業旁搜孝行貞烈之卓異者聞于
上而旌表之又令慶州安東等五邑刊書籍之
有關於治道者凡十一其曰童蒙須知正
蒙養也曰口訣小學培根本也曰三綱二
倫行實明人倫也曰性理大全崇正學也
曰諺解正俗諺解呂氏鄉約正鄉俗也曰
諺解農書蚕書敦本業也曰諺解瘡疹方
辟瘟方救夭札也此雖未足以盡公之善
而然因此可以見公之學問抱負大有以
異於人也噫世之觀是書者其皆以公之

心為心勉之哉正德戊寅三月日晉川姜

渾書于晉之東皐村舍

易三才圖表

三

[illegible]

二倫行實圖目錄

師生

윗나라공ᄌᆞ슈ᄂᆞᆫ션공이란
님금의아ᄃᆞ리니태ᄌᆞ급비
나ᄅᆞᆫ어믜게난아이오공ᄌᆞ
삭이와ᄒᆞᆫ어믜게난형이라
그어미삭이와쎄ᄒᆞ야태ᄌᆞ
ᄅᆞᆯ주기고슈ᄅᆞᆯ세요려ᄒᆞ야
사ᄅᆞᆷ으로ᄒᆞ야태ᄌᆞ와빈라
가다가므레드리텨주기려
ᄒᆞ거ᄂᆞᆯ쉬말리디몯ᄒᆞ야ᄌᆞ
차그비ᄅᆞᆯ타가니몯주기니
라ᄯᅩ젯나라히태ᄌᆞᄅᆞᆯ보내
고도ᄌᆞᆨᄒᆞ야길헤가태ᄌᆞ의
긔ᄅᆞᆯ가져ᄯᅩ보고주기라ᄒᆞ
대쉬가디말라ᄒᆞ야놀래지
날오뎌아비명을티디면ᄌᆞ
식의되아니라ᄒᆞ네쉬ᄯᅩᄌᆞ
차가티니그어미말라더몯

二倫行實兄弟圖

伋壽同死 周

二倫圖

ᄒᆞ야경계ᄒᆞ야ᄂᆞᆷ오ᄃᆞ앏셔
디말나ᄒᆞ더니슈ᄯᅩ태ᄌᆞ의
긔ᄅᆞᆯ아사앏픠셰고가거ᄂᆞᆯ
도적이태ᄌᆞ라너겨주기니
라태지미처가보고제모긔
주글주ᄅᆞᆯ슬허울고주거ᄂᆞᆯ
시러도라와ᄯᅵ도손조주그
니라

衛公子壽者宣公之子太子伋之異母弟公子朔之同母兄也其母與朔謀欲殺伋而立壽使人與伋乘舟於河中將沉而殺之壽知不能止因與之同舟舟人不得殺又使伋之齊將使盜見載旌要而殺之壽止伋伋曰棄父之命非子道也不可壽又與之偕行其母不能止乃戒之曰壽無爲前也壽又竊伋旌以先行盜見而殺之伋至痛壽代己之死涕泣悲哀載其屍還至境而自殺

詩 泛泛河舟同濟日 迢迢齊路竊旌時 自逢嚚傲鴒原急 一去那堪見兩屍 人倫遭變力難禁 爭死悲懷兩不任 爲寫新編垂萬代 凜然天下弟兄心

복식이ᄂᆞᆫ하남사ᄅᆞᆷ미라티
룸지이와즘ᄉᆡᆼ치기ᄒᆞ더니
져믄아이잇ᄯᅡ가그아이ᄌᆞ
라거ᄂᆞᆯ집ᄐᆡᆫ다지믈ᄅᆞᆫ다아
ᄋᆞ주ᄑᆞ다모양일ᄇᆡᆨ나모나
ᄂᆞᆫ복식기가지고모해드리
가여라믄ᄒᆡᄅᆞᆯ양을쳐니일
쳐이나마되어ᄂᆞᆫ집ᄐᆡ더를
ᄯᅩ사니그아ᄋᆞ요셰ᄆᆞᆫᄂᆞᆫ다패
ᄐᆡᆫ동요잇ᄉᆡ놀다시ᄂᆞᆫ화주
니라

卜式分畜圖

卜式河南人以田畜為事有少弟弟壯式脫身出獨取羊百餘口田宅財物盡與弟式入山牧十餘年致千餘頭買田宅而弟盡破其產式輒復分與之

詩 世業遺財付友于脫身甘伴牧猪奴買宅何心吾獨富千頭兮向弟家輸　錐刀爭利世紛紛誰念天親一體兮他日佐時輸粟盡此心孝悌便移君

왕림이나히여라문인저긔
어버이다죽고마초아시졀
리어즈러워뵈셩이다흐러
도망ᄒᆞ고다모왕림의형뎨
ᄒᆞᆫ붑묘ᄃᆡ히여ᄯᅱ우를몰그
치디아니터니아이나갓ᄉᆞ
가젹미란도ᄌᆞᆨ을맛나쟈ᄭᅴ
연ᄂᆞᆫ왕림이졔미여도ᄌᆞᆨ의
게가비로ᄃᆡ내몬져즉거지
라ᄒᆞᆫᄃᆡ도ᄌᆞᆨ기어엿ᄲᅴ너겨
노하보내니라

王琳字巨尉年十餘歲喪父母曰遭大亂百姓奔迸惟琳兄弟獨守塚廬號泣不絕弟季出遇赤眉爲賊所捕琳自縛詣賊請先季死賊矜而放遣之

詩 四方多難劇紛如兄弟攀號獨守廬爲季投身先乞死豺狼安得不矜且

弟兄相愛即天㚈急難誰知有此兒要識至誠無不感請看兇醜遣歸時

허무ᄂᆞᆫ 회긔 원이 천거ᄒᆞ야
벼ᄉᆞᆯᄒᆞ이니 허뮈 제 두 아이
벼ᄉᆞᆯ 몯ᄒᆞ야 이시니 아ᄋᆞᆯ 일
ᄒᆞᆫᄢᅴ 오쟈 ᄒᆞ야 닐오ᄃᆡ 셰간
ᄂᆞᆫ화 집 나 살거시라 ᄒᆞ고 셰
간 ᄂᆞᆯ 세기 세 ᄂᆞᆫ화 됴ᄒᆞᆫ 짐과
됴ᄒᆞᆫ 받과 됴ᄒᆞᆫ 죵ᄋᆞᆯ 허뮈 제
다 가지고 두 아ᄋᆞ란 사오나
온 거슬 주니 ᄒᆞᆫ 고ᄋᆞᆯ 사ᄅᆞ미
다 허무ᄅᆞᆯ 탐심타 ᄒᆞ고 두 아
ᄋᆞᄂᆞᆫ 사양ᄒᆞ니 어디다 ᄒᆞ더니
글르ᄒᆞ야 두 아이 다 쳔거ᄒᆞ
이니라 그 후에 허뮈 마ᄋᆞᆯ
모도고 몰며 닐오ᄃᆡ 내 사오
나오ᄃᆡ 벼ᄉᆞᆯᄒᆞ고 두 아이 나
ᄒᆡ 조라도록 벼ᄉᆞᆯ 몯ᄒᆞᆫ시 내
셰간 ᄂᆞᆫ화 ᄂᆞ미 긔롱ᄋᆞᆯ 므티

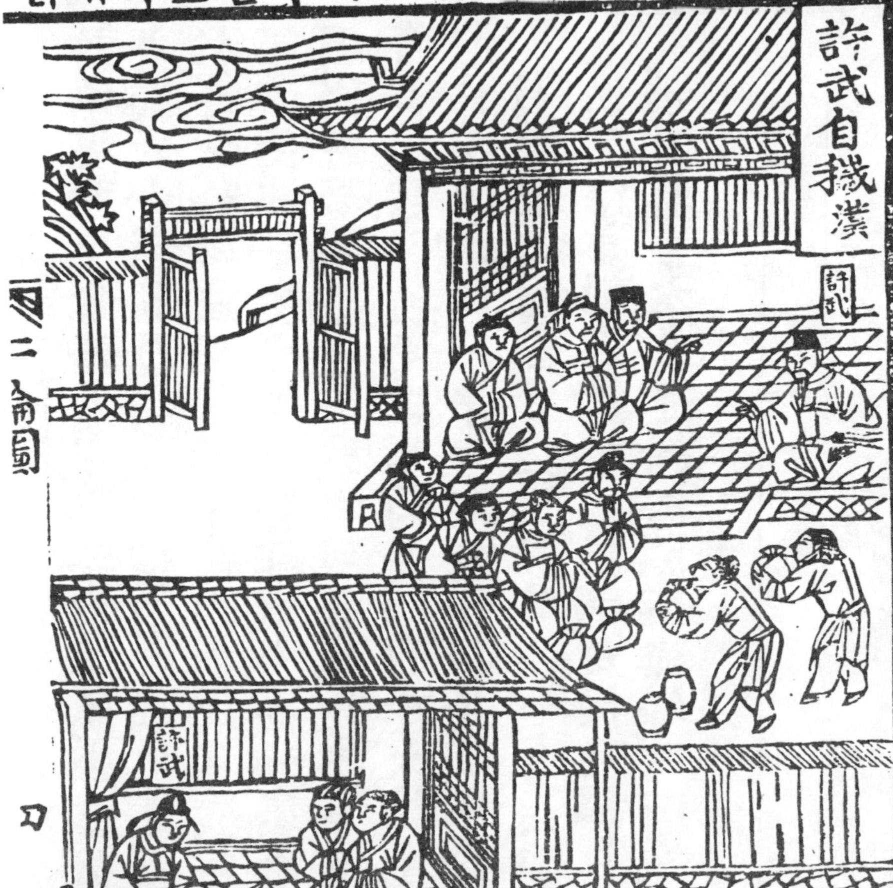

니이졔내가ᄌᆔ교ᄒᆡ맙블은
겨시비로쉬ᄒᆡ브리나티으
니라ᄒᆞ고다두아오ᄅᆞᆯ주고
ᄒᆞᆫ것드두디아니ᄒᆞᆫ대모다
일ᄏᆞᆮ디라

許武建武中會稽太守第五倫舉爲孝廉武以二弟晏普
未顯欲令成名乃謂之曰禮有分異之義家有別居之道
於是共割財產以爲三分武自取肥田廣宅奴婢强者二
弟所得並皆劣少鄉人皆鄙武貪而稱弟能讓由是晏等
俱得選舉武乃會宗族泣曰吾爲兄不肖盜竊聲位二弟
年長未霑榮祿所以求得分財自取大譏今理產所增三
倍於前悉推與二弟一無所留於是郡中翕然稱之

詩 廉孝從前舉豈誣臨財甘作一貪夫心期二弟名成
後三倍貲財盡付渠　弟顯自從兄譏日兄貪還釋弟
榮時尋常友愛還遂誇俗隱德無嫌世所譏

텡균이ᄇᆞ얍ᄀᆞᆫ사ᄅᆞ미라형
이고올원니되야셔ᄂᆞ민쥰
거슬즐겨받더니아이ᄌᆞ조
관ᄒᆞ야말라ᄒᆞ야도듣디아
니커ᄂᆞᆯ텡균이나가쉬ᄂᆞ미
일ᄒᆞ고삭바다ᄒᆞᆫ히나ᄆᆞ니
만히어티다가형을주ᄀᆞᆯ
오뒤이옷다ᄲᅡ도ᄯᅩ어티ᄌᆞᆯ
거시어니와원되야ᄯᅡ가장
니죄ᄅᆞᆯ니브면죽도록몯ᄇᆞᆫ
리라ᄒᆞᆫ대형이그마ᄅᆞᆯ감동
ᄒᆞ야쳥렴ᄒᆞᆫ관원이되니라

鄭均任城人兄為縣吏頗受禮遺均數諫止不聽即脫身為傭歲餘得錢帛歸以與兄曰物盡可復得為吏坐贓終身捐棄兄感其言遂為廉絜

詩 取物傷廉恐累身愛兄誠意出天真已知切諫終無入甘自為傭受苦辛 傭得錢歸遺我兄色首代此足營生坐贓一語開心病貪污終能變絜清

됴효시졀이어즈러운적을
맛나사ᄅᆞ미서ᄅᆞ자바먹더
니아이도ᄌᆞ긔게잡펴ᄂᆞᆯ모
려귀ᄂᆞᆯ됴효듣고제미여도
ᄌᆞ긔게가ᄂᆞᆯ오ᄃᆡ내아이오
래병ᄒᆞ야여위니ᄂᆞᆯ만ᄉᆞᆯ지
디몯ᄒᆞ니라ᄒᆞᆫ대도ᄌᆞ기ᄂᆞᆯ
라다노하보내며ᄂᆞᆯ오ᄃᆡ가
다시ᄡᆞᆯ미시어러오라ᄒᆞᆫ대
됴효ᄡᆞᆯ얻다가몯ᄒᆞ야다시
도ᄌᆞ긔게가니ᄅᆞᆯ고내ᄉᆞᆲ겨
지라ᄒᆞᆫ대모다긔이히너겨
주기디아니ᄒᆞ니라
남굼이드ᄅᆞ시고블러벼ᄉᆞᆯ
ᄒᆞ이시니라

趙孝遭天下亂人相食孝弟禮為賊所得將烹之孝聞即自縛詣賊曰禮久卧羸疾不如孝肥飽賊大驚並釋之且謂曰可歸更持米糒來孝求不得復往報賊願就烹衆異之遂不害明帝聞其行召拜諫議大夫

詩 遭時不幸賭傷神人化為豺又食人自縛肥身甘代弟野心猶感有天倫

野清何處更求糒垂槖歸來願就烹異行能回群盜腹高名宣徹九天明

목용이져머셔아비업고형
뎨네히ᄒᆞᆫ듸만니사더니각
각겨집어든후에모도겨집
들히ᄂᆞᆫ화다가사져ᄒᆞ고ᄌᆞ
조ᄡᅡ홈ᄒᆞᄂᆞᆫ마리잇거ᄂᆞᆯ목
용이ᄆᆞ장애드라ᄒᆞ야문ᄃᆞᆫ
고제져ᄅᆞᆯ티며닐오ᄃᆡ목용
아비몸닷가셩인늬일비호
문쟝ᄎᆞᆺ록ᄒᆞ울고리려ᄒᆞ듸
엇더그졉동졍케몰ᄒᆞᄂᆞᆫ다
ᄒᆞᆫ대아ᄋᆞ돌ᄒᆡ며모도겨집
돌히들고머리조아샤죄ᄒᆞ
야다시화동히되니라

繆肜少孤兄弟四人皆同財業及各娶妻諸婦遂求分異又數有鬪爭之言肜深懷忿歎乃掩户自撾曰繆肜汝脩身謹行學聖人之法將以齊整風俗奈何不能正其家乎弟及諸婦聞之悉叩頭謝罪遂更爲敦睦之行

詩 早孤諸季與同居娶婦求分罪在予掩户自撾能感彼一家敦睦得如初　同氣相分自責深能令諸婦便回心是知友愛由天性蹀血相殘獸與禽

니츙이지비가난ᄒᆞ야형뎨
여ᄉᆞᆺ시옷바불서르니브며
먹더니겨지비ᄀᆞ만니니츙
이ᄃᆞ려닐오ᄃᆡ가난히사로
미이러ᄐᆞᆺᄒᆞ니편안티몯ᄒᆞ
니닷티사라야ᄒᆞ리로다ᄒᆞᆫ
대니츙이거즛ᄃᆡ답ᄒᆞᄃᆡ술
비ᄌᆞ라모ᄃᆞᆫ아ᅀᆞᄆᆞᆯ모도
고ᄒᆞ리라ᄒᆞ고못거늘니츙
이모다안잣ᄂᆞᆫᄃᆡᄭᅮ러어미
게ᄉᆞᆯ오ᄃᆡ이겨집비사오나
와나ᄅᆞᆯᄀᆞᄅᆞ쳐어미와형뎨
ᄉᆞ이ᄅᆞᆯᄠᅥ나게ᄒᆞ니그죄ᄯᅡ
내틸거시이다ᄒᆞ고ᄭᅮ죵ᄒᆞ
야무니나가라ᄒᆞᆫ대겨집비
눈믈머기고나가니라

李充逐婦 漢

李充家貧兄弟六人同衣遞食妻竊謂充曰今貧居如此難以久安願思分異充僞酬之曰當醞酒具會請呼鄕里內外充坐中前跪白母曰此婦無狀而敎充離間母子兄弟罪合遣斥便呵叱其婦遂令出門婦銜涕而去

詩 悍妻當日惡家貧不念鴒原骨肉親會合鄕閭揮婦去割情全愛篤天倫

同衣遞食意慇勤長枕當年不擬今何物婦人饒間舌一心愈更切篪塤

강굉이ᄂᆞᆫ세가옛사ᄅᆞᆷ이라
두아ᄋᆞ듕해와계강과다효
도ᄒᆞ며어딘소리나더니형
뎨ᄉᆞ랑ᄒᆞ야샹녜ᄒᆞᆫ니블레
자더라각각겨집ᄒᆞ야도셔
모ᄉᆞ랑ᄒᆞ야ᄎᆞᆺ디가자디아
니ᄒᆞ야ᄌᆞ식나ᄒᆞᆯ거실셔셔
르마라방의가더니강굉이
계감과드르헤나갓까가도
ᄌᆞᆨ을맛나주기려ᄒᆞ거ᄂᆞᆯ형
뎨셔르내죽거지라ᄃᆞ토아
강굉은늠오더아이졈고어
버이ᄉᆞ랑ᄒᆞ고ᄯᅩ댱가를몯
드렷시니내죽고아ᄋᆞᆯ살아
지라ᄒᆞ니계강은닐오ᄃᆡ형
이나로만코덕도만ᄒᆞ야나
마희ᄒᆞᆫ길의사ᄅᆞ미니형의

二倫圖 九

갑새내죽거지라호대도죽
기칼홀란슌공호뇨오되두
븐이어딘사루미어늘우리
사오나와판체로조외놓삭
호고다ᄇᆞ리고가니라

姜肱家世名族與二弟仲海季江俱以孝行著聞友愛天
至嘗同被卧及各取妻兄弟相戀不能別寢以係嗣當立
乃遞往就室嘗與季江適野遇盜欲殺之兄弟爭死賊曰
弟年幼父母所憐愍又未聘娶願自殺身濟弟季江言兄
年德在前家之珍寶國之英俊乞自受戮以代兄命盜戢
刃曰二君賢人吾等不良妄相侵犯乃兩釋之

詩 二弟同居共一衾天倫情至友于深蒼皇遇難爭投
死兩釋終能感賊心　弟恭兄友若塤篪居寢須臾不
忍離更有至情難掩處共看爭死冒危時

왕람이어미다ᄅᆞᆫ형왕샹이
와ᄀᆞ장ᄉᆞ랑ᄒᆞ더니왕람의
어미쥬시왕샹이ᄅᆞᆯ보채야
티거든왕람미두어설머근
지보ᄑᆞᆫ두울고가븟안더
니엳옥되야미양어미ᄅᆞᆯ
니나그어미쳐기모디로미
그츠니라그어미ᄌᆞ조ᄆᆞᆯ
일로왕샹이ᄅᆞᆯ브리거든왕
람이조차가ᄒᆞ며ᄯᅩ몯ᄒᆞᆯ일
로왕샹의겨집ᄅᆞᆯ브리거든
왕람의겨집도조차가ᄒᆞ니
그어미어려이녀겨셔아니
ᄒᆞ더라ᄯᅩ그어미ᄆᆞ마이슐
에약플어왕샹이ᄅᆞᆯ머기려
커ᄂᆞᆯ왕람이알오ᄃᆞ라가그
수ᄅᆞᆯ아오대왕샹이야ᄠᅳᆫ

알고가지고주디아니ᄒᆞ거
그어미계가아사엽렴ᄇᆞ리
니라그후에어미왕샹이ᄃᆞᆯ
음식주어든왕람이윈식몬
져맛보더니어미제아ᄃᆞ주
굴가ᄒᆞ야아니ᄒᆞ니라

王覽字玄通與兄祥友愛甚篤母朱氏遇祥無道覽年數
歲見祥被楚撻輒涕泣抱持至於成童每諫其母其母少
止凶虐朱屢以非理使祥覽輒與祥俱又虐使祥妻覽妻
亦趍而共之朱患之乃止朱密使酖祥覽知之徑趍取酒
祥疑其有毒爭而不與朱遽奪覆之自後朱賜祥饌覽輒
先嘗朱懼覽致斃遂止

詩 罵母時時虐視兄看兄被撻痛兒情身同室婦代兄
嫂共服勤勞庶感誠 酖非好酒何宜飲兄弟爭持母
取翻從此母飡兒輒試周旋母子竟全恩

유곤의지븨시긧병이드러
두형이다죽고버근형이또
주게되야병이보야호로퍼
디여어버이며아ᄋᆞᆯ둘히다
피졉나거ᄂᆞᆯ유곤이ᄒᆞ자이
셔나가디아니커ᄂᆞᆯ어버이
며혀곤히구틔여나라ᄒᆞ되
유곤이닐오되내셩븐병
을져리아니ᄒᆞ노이다ᄒᆞ고
친히잡드러나지며바미며
자디아니ᄒᆞ고곽울모겨보
며우로믈그치디아니터니
셔ᄇᆡ돌마니병세도그츠며
지븨사ᄅᆞᆷ도드러오며병ᄒᆞ
니도다도하유곤이동일언
시나니모다닐오되긔특ᄒᆞ
셔이사ᄅᆞ미여ᄂᆞᆫ밋못ᄒᆞ리이

庚袞守病晋

로ᄒᆞ니치운후에아소남기
후에ᄠᅥ러디ᄂᆞᆯ알리라ᄒᆞ니
이제야모딘병ᄃᆞᆫ뎐티몯
ᄒᆞᆯ줄알와라ᄒᆞ더라

庾袞咸寧中大疫二兄俱亡次兄毗復危殆癘氣方熾父母諸弟皆出次于外袞獨留不去諸父兄強之乃曰袞性不畏病遂親自扶持晝夜不眠其間復撫柩哀臨不輟如此十有餘旬疫勢既歇家人乃反毗病得差袞亦無恙父老咸曰異哉此子守人所不能守行人所不能行歲寒然後知松柏之後凋始知疫癘之不能相染也

詩 當患須看友愛真撫亡扶病極勤辛十旬晝夜終無恙癘疫從知不染人

兩兄俱沒次兄危出次人人謹避之能守衆人難守處待看松柏歲寒時

왕밀이제아ᄋᆞ와아ᄃᆞᆯ과ᄃᆞ
리고길가다가낭식이업셔
마ᄋᆞ와아ᄃᆞᆯ란도고귀노모
올ᄒᆡ낭식빌라갓셔가와보
니아이도ᄌᆞᆨ의게후리여가
고아ᄃᆞᆯ도도망ᄒᆞ야수미나
가거ᄂᆞᆯ왕밀이그아ᄃᆞᆯ어더
텁블고도적의게가머리조
아비러닐오ᄃᆡ인졍의다ᄌᆞ
식을ᄉᆞ랑컨마ᄂᆞᆫ오직이아
ᄋᆞ나디아니ᄒᆞ야셔아비죽
거ᄂᆞᆯ내길러내야이만도야
인ᄂᆞ니쳥컨대ᄂᆞᆫ이아ᄃᆞᆯ로
아ᄋᆞᆯ밧고아지라ᄒᆞᆫ대도적
들히서로닐오ᄃᆡ아ᄃᆞᆯ로아
ᄋᆞᆯ밧고니ᄆᆞ장어디도다ᄒᆞ
고다주어보내니라왕밀이

후에주거ᄂᆞᆯ아이믈머굼도
아니머고몸닷쇄ᄒᆞ고삼샹
ᄋᆞᆯ여ᄉᆞᆺᄒᆡ니브니라

王密嘗與弟儁子元直西如凉州路中糧匱密留儁元直西於途乞丐民間比還儁為賊所掠元直逃逸密乃將元直追賊叩頭求食曰人情自當皆愛其子但此弟未生家君見背孤遺相長以至于今請以元直易儁賊相謂曰以子易弟義之大也於是以儁元直換密而去密後亡儁句水不入口者五日雖服喪期年而心喪六載

詩 道出凉州乞丐歸旋聞阿弟賊中圍將兒換弟真情切盜賊無知亦解悲

亡親遺腹只斯人相愛相憐若一身苟保吾兒棄吾弟九泉何以謁吾親

채확이형을셤교ᄃᆡ아비ᄀᆞ
티ᄒᆞ야집안해크며자근이
믈다무리ᄒᆞ티니제록ᄃᆞ귀
ᄉᆞᆯ다형의게드려두고ᄲᅮᆫ뒤
잇거든맛틴사ᄅᆞᆷ의게칭ᄒᆞ
야ᄲᅡ뎌라님금뫼셔나갓ᄀᆡ
ᄂᆞᆯ거졉비유우ᄒᆞ야비록흉
ᄒᆞ야지라ᄒᆞᆫ대뎌담ᄒᆞ야유
무ᄒᆞᆫ뒤비몸오ᄅᆞᆯᄒᆞ거니와
혜아려줄사ᄅᆞ미제줄거시
니내게과별리니르더ᄆᆞᆯ라
ᄒᆞ니라

祭廓奉兄執如父家事大小皆諮而後行公祿賞賜一皆
入執有所資須悉就典者請焉從高祖在彭城妻柳氏書
求夏服廓答曰知須夏服計給事自應相供無容别寄

詩 奉兄如父敬無違家有尊嚴孰敢私祿賜盡應歸一
室事無專制必先咨　寔從君王旨未回妻求夏服寄
書來計給只言存典者稍無私意汚靈臺

손국이 엄ᄆᆡ 셤기ᄆᆞᆯ 지극기
효도ᄒᆞ더니 엄이 주글제 ᄌᆡ
믈 아ᄃᆞᆯ 손국의게 누려시
라 ᄒᆞ고 ᄆᆞ장 ᄉᆞ랑ᄒᆞ야 ᄒᆞ더
니 그제 사ᄅᆞᆷ ᄣᅡ 큰 믈 내더니
그 아이 손국의 목 ᄀᆞ가다가
몯 미처 가니 주ᄀᆞᆯ 되어 놀ᄂᆞᆫ
국이 와 제 아ᅌᆞ와 서로 내주
그려두 ᄃᆞ토더니 손국의 겨집
허지도 믿ᄂᆞ니 이 셔국의 계ᄎᆡ
ᄒᆞ야 블 ᄃᆞᆸ뷔 요뒤 그 뒤 집
가 ᄃᆡ더 엇디 ᄌᆡᄂᆞᆫ 아이게 ᄃᆡ
롤 일효 ᄯᅩ 임의 주ᄀᆞᆯ제 그 닷
새 맛 ᄯᅵ 셔 든 거 집이며 조식
도 엽 선ᄂᆞ니 그 뒤 논 두 ᄎᆞ식
잇 겨니 주 근 ᄃᆞᆯ 무 ᄉᆡ 신 누 ᄋᆞᆺ
ᄉᆡᆸ묘ᄒᆞ더라 그 고을 원이 그

이ᄅᆞᆯ엳ᄌᆞ와ᄂᆞᆯ나라히다노ᄒᆞ시고그집문의방브티니라

孫棘事母至孝臨亡以小兒薩屬棘特深有愛時裴氏為軍薩代棘行及後軍期應死棘薩爭死妻許氏又遣屬棘曰君當門户豈可委罪小郎且大家臨終以小郎屬君竟未有妻息君以二兒死後何憾大守張岱表聞詔原之仍牓其門

詩 弟兄爭死豈要名乃婦猶知棘死輕帝感三人倫懿篤宥全門户又褒旌

兄念慈親鞠子哀弟思天顯克恭哉當前斧鉞爭趨赴豈料金雞放赦回

양패아ᄋᆞ 양츈이와 양잔이
와서로셤끠이어버이ᄌᆞ식
ᄌᆞ이ᄀᆞᆺ더니형뎨맛ᄎᆞᆷ이여
ᄃᆞᆫ대령의모다져므도록효
뎌셔안해드리가디아니ᄒᆞ
며효도ᄒᆞᆫ음식기잇ᄭᅥ든몰
더아니면먹디아니터라ᄯᅢ
텽ᄉᆞ이예즘댱ᄃᆞ우ᄆᆞ리와
두고잇다감가쥐고도록와
말ᄒᆞ터라양츈이나ᄒᆞᆫ늘거
셥다룬ᄃᆡ가술취ᄒᆞ야오거
ᄂᆞᆯ양잔이북드리지븨드리
고방알ᄑᆡ셔수후좀자며안
부를못티라츈파잔파나히
여슌나마다지쟝이되여슈
뎐양잔이오ᄒᆡᆼ여아츈나죄
문안ᄒᆞ거든ᄌᆞ식이며아ᄎᆞᆫ

아ᅀᆞ돌히뎜아래ᄅᆞ리니셔
엿ᄌᆞᆸ니양츈이안ᄌᆞ라아녀
ᄒᆞᆫ번양진이안ᄶᅵ아니ᄒᆞ더라
양츈이나가셔져므도록아
니오거든양진이바블몯ᄎᆡ
먹더아니ᄒᆞ야양츈이온후
에야ᄒᆞᆫᄢᅴ먹더라밥먹글제
양진이친히수져를드리며
몬져맛보고양츈이머그라
ᄒᆞᆫ후에야먹더라ᄒᆞᆫ집안해
남진겨집비일ᄇᆡᆨ귀나ᄒᆞ야
먼권당도히다ᄒᆞᆫ바ᄇᆡ먹고
사ᄅᆞᆷ더ᄉᆞ이예잡마리업더
라

揚播與弟椿津並敦義讓昆季相事有如父子凡弟旦則
聚於廳堂終日相對未嘗入內有一美味不集不食廳堂
間往往幃幔隔障為寢息之所時就休偃還共談笑椿年
老曾他處醉歸津扶持還室仍假寢閣前承候安否椿津
年過六十並登台鼎而津尚旦暮參問子姪羅列階下椿
不命坐津不敢坐椿每近出或日斜不至津不先飯椿還
然後共食食則津親授匙箸味皆先嘗椿命食然後食一
家之內男女百口緦服同爨庭無間言

詩 揚家義讓篤天倫昆季嚴如父子親一味共分相對
笑藹然和氣滿堂春　六秩聯登位鼎司平生義敬老
何衰朝朝參問情無倦扶醉兄歸弟授匙

오달지의ᄉᆞ촌아ᄋᆞ경뵈의
부쳬가난ᄒᆞᆫ히에후리여먼
뎌ᄶᅡᆯ뎝갓셔놀오달지재빗
ᄅᆞᆯᄑᆞ라드리고사내야다가
졔ᄒᆞᆫ집ᄒᆞᆫ뎨관의사뎌라고
을회셔쥬븟벼ᄉᆞᆯᄅᆞᆯᄒᆞ야ᄂᆞᆯ
구ᄒᆞ여형의게ᄒᆞ라ᄉᆞ양ᄒᆞ
고ᄯᅩ조샹왓바ᄐᆞᆯ마다ᄉᆞ양
ᄒᆞ야ᄂᆞᆫ촌아ᄋᆞᄅᆞᆯ주니그아ᄋᆞ
도밧디아니ᄒᆞ야그밧터무
그니라

吳逵之以從祖弟敬伯夫妻荒年被略賣江北逵之有田十畝貨以贖之同財共宅郡命為主簿固以讓兄讓世榮田與族弟弟亦不受田遂閑廢

詩 那堪骨肉沒輿臺破產還收與共財職讓於兄田讓弟天倫外物視塵埃

賣業慇勤贖弟還同財共宅任飢寒世間無限爭田者聞却高風定汗顔

노조ᅵ게모최시를셤교ᄃᆡ마
ᄌᆞᆺ효도ᄒᆞ더니최시셰아ᄃᆞᆯ
나하두고ᄉᆞ랑ᄒᆞ야노조를
향ᄉᆡ예법지으라ᄒᆞ야셰아
ᄃᆞᆯ위ᄒᆞ야돈을ᄂᆡ라ᄒᆞ야든
노조ᅵ보조ᄐᆡ니ᄒᆞ야게율이
디거더니최시제아ᄃᆞᆯ글ᄇᆡ
그라보낼제나피ᄐᆡ와노조
물잇ᄂᆞᆫ고채자바ᄑᆞᆼ우ᄐᆡᄒᆞ
마ᄒᆞ더라세아이술줄검먹
고놈파써화그사루미지븨
와어미조차ᄲᆢᄑᆞᆼ용거브노
최울고절ᄒᆞ야말고라ᄒᆞᆫ대
그사룸토ᄒᆡ서므ᄅᆞᆫ오ᄃᆡ녀
기더아니ᄒᆞ더니이세도최
노미이런어딘형을룰샤ᄋᆞ
리얼운ᄂᆡ게무례호미올티

二倫圖 十二

아니트다ᄒᆞ고서르 노ᄂᆞᆫ의
게절ᄒᆞ고가니라어미죽거
눌쉬아온어기며ᄆᆞᄅᆞ쳐ᄉᆞ
랑ᄒᆞ옴ᄂᆞ뉴지로ᄒᆞ티라

盧操事繼母張氏至孝張生三子溺愛之命操常執勤主炊爲三弟設席操服勤不倦張遣其子讀書命操策驢隨之操即執鞭引繩如僮僕三弟嗜酒縱佚抵忤於人致人踵門詬及其母操即涕泣拜而解之惡少相謂曰予意三賊有此令兄其干犯長者不義也相與拜操而去母亡訓養三弟恩愛不衰

詩 服勤爲弟事炊烹爲是阿孃愛所鍾又爲投師親執策一心顧弟免危庸
如何三弟性難移屢忤於人縱酒時詬辱及親仍拜乞能令惡少釋然歸

니광진이어버이셤기믈ᄆᆞ
장지셩으로호미잇ᄯᅥ니엄
이죽거늘거상ᄒᆞ야삼년을
자리에아니드더라아ᄋᆞ광
안이몬져겨집ᄒᆞ야놀엄이
집읫이롤다맛뎌니광진이
엄이주근후에야겨집어뎌
놀광안니겨집이셰ᄯᅢᄇᆞ리
예글월와쳡ᄒᆞᆫ비ᄒᆞᆫ방ᄌᆞ롤
쇠열쇠롤다형의겨집의게
보내대광진이도로보내고
닐오되아ᄌᆞ미미싀어마
님셤기고ᄯᅩ어마님이집의
이롤맛ᄯᅧᄒᆞ라ᄒᆞ시니ᄀᆞ리
디못ᄒᆞ리라ᄒᆞ고서로잡고
우리싀엄양으로ᄒᆞ니라

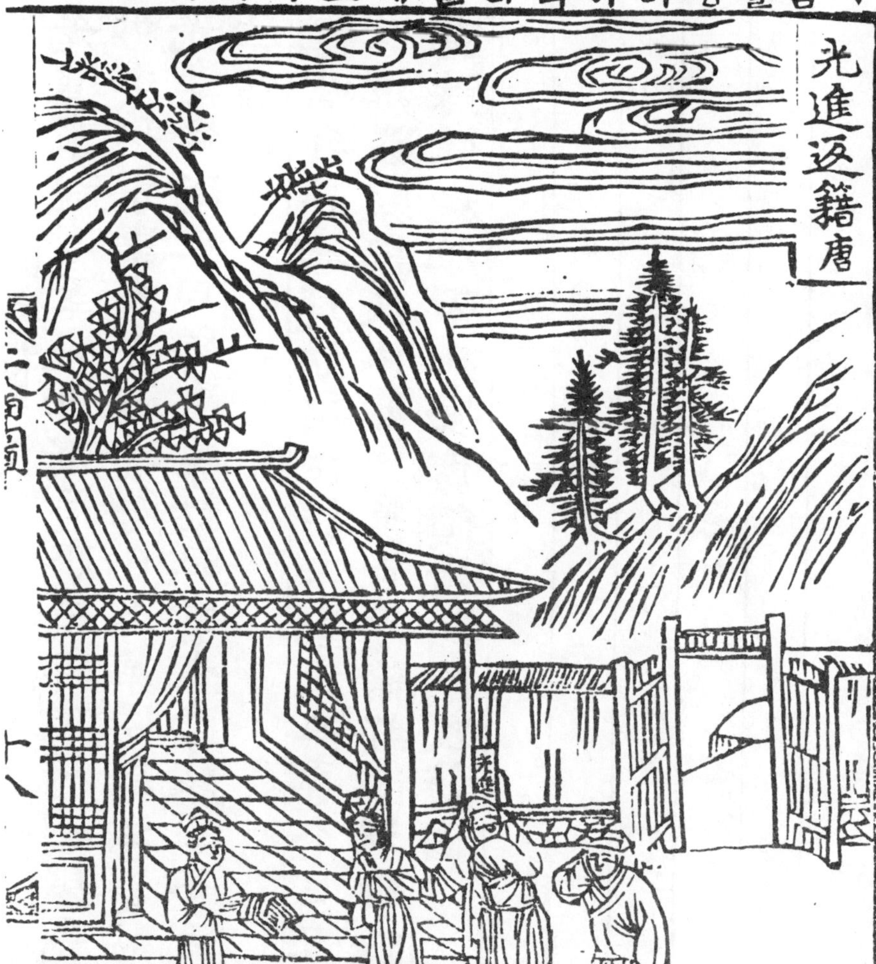

李光進事親有至性母歿居喪三年不歸寢弟光顏先娶而母委以家事及光進娶母已亡弟婦籍滋蓄納管鑰於姒光進命返之曰婦逮事姑且嘗命掌家事不可改因相持泣乃如初

詩 當年新婦拜姑前主饋辛勤久且專今日母亡那忍改泣還家籍故依然 萬古天倫終不泯乖離只在刹錙銖欲知兄弟相安處須看斯門反籍圖

두연이몯져어믜게두아ᄃᆞ
리이쇼ᄃᆡ어디디아니티니
제어미ᄂᆞᆫ하양의잇ᄂᆞᆫ놈시
롤어ᄃᆡ가고할미도죽고두
연이나히열다여신제두형
이사오나이되졉ᄒᆞ야칼로
머리롤티니피두어되나호
르거ᄂᆞᆫ아비누의숨겨계오
사라나니라하양의어믜게
가니다ᄉᆞᆷ아비브티디아니
ᄒᆞ야놀다로뒤와하가놓ᄒᆞ
야글서주고갑바다먹고사
티라후에벼ᄉᆞᆯ놉피되야그
모혐이그저사랏ᄯᅢ니뒤졉
호믈ᄆᆞ장우곡이ᄒᆞ며례다
이ᄒᆞ티라두형이며아비누
의며다슴아비ᄌᆞ손들ᄒᆞᆫ두

연의읍ᄒᆞ니비벼ᄒᆞᄂᆞ니여
리허리라그나ᄆᆞ니ᄂᆞ다우
ᄒᆞ야남전겨지블열이니라

杜衍前母有二子不孝歸其母改適河陽錢氏祖母卒衍年十五六二兄遇之無狀至引劍斫之傷腦出血數升其姑匿之僅而得免乃詣河陽歸其母繼父不容來孟洛間貧傭書以自資及貴其長兄猶存待遇甚有恩禮二兄及錢氏姑子孫受衍蔭補官者數人仍皆爲之婚嫁

詩 兄心無狀毋歸人引劍殘傷骨肉親出血數升無疾怨蒸蒸終化兩頑嚚　天心福善理昭明豈爲傭書致顯榮不獨子孫多受蔭一門婚嫁亦能成

댱존이본셩이효도롭고동
셩ᄉᆞ랑ᄒᆞ더니일ᄌᆞᆨ촉이란
고올원ᄒᆞ야갓ᄯᅡ가갑이며
금의를어더와다지븨다가
펴노하두고형뎨제ᄆᆞ옴대
로ᄡᅳ허야가져가라ᄒᆞ더니
일ᄌᆞᆨ닐오뒤형뎨노손파발
ᄌᆞ교안해와쳡은ᄂᆞ미칩사
로어나엿다ᄂᆞ미집사로몰
ᄒᆞ효손바ᄃᆞ로ᄒᆞ야ᄎᆞ효
ᄒᆞ더라아ᄋᆞ롤어엿비너겨
졉엳여ᄒᆞ나로그릇
되게ᄒᆞ며ᄒᆞ더라

張存性孝友嘗為蜀郡得綺繒文錦以歸悉布之堂上恣
兄弟擇取嘗曰兄弟手足也妻妾外舍人耳奈何先外人
而後手足乎收卹宗屬嫁娶窮嫠不使一夫失所

詩 稟性於天篤友于從來不復念妻孥相懷只見連枝
重堂上文繒盡向輸　手足何如外舍人肯先家室後
天倫收卹孫嫠婚嫁畢誰能似子篤親親

됴언쇼의ᄎᆡᆨ태ᄒᆞ더셰관사
ᄅᆞ미일두ᄒᆞᆯ리니쳥연윤이
겨집ᄒᆞ기ᄒᆞ며ᄑᆞᆫ뉴쟝과바
독돌올줄ᄯᅥ셰관놀거의배
야가기놀언쇠말라ᄆᆞᆫᄒᆞ되
듯더아니커놀셰관놀ᄂᆞᄒᆞ
야노화나니다ᄉᆞᆺ칙만이형
외셰ᄆᆞᆫ이다배야ᄀᆞ화쟉ᄒᆞᆫ
니먹은거시ᄆᆞ쟝만티라언
쇠아ᄎᆞᆷ셔놀의칭과아ᄌᆞ미
로칭ᄒᆞ야술먹이며닐오ᄃᆡ
아리셰관노ᄒᆞ리ᄒᆞ느다닙
티니칭이ᄡᅳ기돌니무ᄒᆞ야
셰관이다배야면모다주릴
가너겨ᄒᆞ거시니이제칙ᄒᆞ
셰ᄆᆞᆫ이반만잇ᄂᆞ니죡ᄒᆞ시
죌리ᄡᅳᆫ니칭이다시집와

彦霄析籍 唐

셰교ᄂᆞᆯ자ᄇᆡ라ᄒᆞ고아리논
ᄒᆞᆫ골ᄋᆞᆯ월ᄅᆞᆯ브ᄅᆞ되고집의귀
ᄒᆞ다맛ᄃᆡ니라 ᄯᅩ뎔은뷔빗
내ᄀᆞᆺ도내티늑ᄒᆞᆫ쳥ᄉᆞᆼ으로
가ᄑᆞ리ᄒᆞ노라ᄒᆞᆫ대칙이치
업의봇그리마다ᄒᆞ다가마
디못ᄒᆞ야조ᄎᆞ니라버근히
예됴언쇠곱티ᄒᆞ니모울사
룸이크게공경ᄒᆞ고항복ᄒᆞ
티라

趙彦霄兄弟二人同爨十二年兄彦雲惟聲色博奕是娛
生業壞已逾半彦霄諫不入遂求析籍及五年而兄之生
計蕩然矣公私逋負尚千餘緡彦霄因除夕置酒邀兄嫂
而告之曰向者初無分爨意以兄用度不節恐皆蕩盡俱
有饑寒之憂今幸留一半亦足以給伏臘兄自今復歸中
堂以主家務即取分書付之火管鑰之屬悉以付焉因言
所少逋負以已儲錢償之兄初有慚色不從不得已而受
之次年彦霄一舉登第鄉人大敬服之

詩 同爨曾經一紀餘可憐家業漸蕭疎無端析籍兄應
恠毋慮他年見火書 兄蕩家貲弟析居五年嬴得有
遺儲慇懃更酌元霄酒從此阿兄復主廬

팅틱귀아ᅀᆞ틱쟝이와ᄉᆞ랑ᄒᆞ야나지면ᄎᆞ쟝의니어안까바미면호니브레자티니틱쟝이본티강딕ᄒᆞ야누미게할려주글죄로가티게ᄒᆞ얏ᄲᅥ놀틱귀아ᅀᆡ거즛죄니브몰어엿새비겨소겨불오뒤톄나롤해쿄쟈ᄒᆞ니버가면빌명ᄒᆞ리니와비가면주그리라쿄주켸티쟝ᄒᆞ야니거놀틱쟝이ᄲᆞᆯ와길헤가헝톄쉬로잡고주그라가몰두토티니틱귀마니소겨못가게ᄒᆞ고밤ᄯᅮᆼ만즈룸쉴로수머니거놀틱쟝이ᄯᅩᄲᆞᆯ와가니틱귀불셔오개드려주보티니틱쟝이듯고마쟝볼

위우니셰번과결ᄒᆞ얏셔가
ᄭᅥ야새로지어다가뭇고두
ᄒᆡ롤슈묘ᄒᆞ니미샹울거든
가라가치도히ᄂᆞ라와가디
아니ᄒᆞ티라

鄭德珪弟德璋孝友天至晝則聯几案夜則同衾被德璋素剛直一日爲仇家陷於死罪當會逮揚州德珪哀弟之見誣乃陽謂曰彼欲害吾也何預爾事我往則奸狀白爾去得不死乎即治行德璋追至道中兄弟相持頓足爭欲就死德珪默計沮其行夜將半從間道逸去德璋復追至廣陵德珪已死於獄德璋聞之慟絶者四負骨歸葬廬墓再朞每一悲號烏鵲皆翔集不去

詩 同衾聯几每相須不意剛剛陷罪誣視死如歸爭就獄牽留道上泣相扶
夜半潛歸死獄中廣陵追至慟何窮再朞廬墓哀號處烏鵲飛翔慰悲衷

곽도경의ᄇᆡᄃᆞᆺ조샹ᄃᆞᆯ히효
도ᄒᆞ모로민홍나ᄆᆞ올희쉬
효ᄌᆞ소향을밍ᄀᆞᆯ앗더니그
뒤ᄭᅴ도ᄌᆞ기니러나ᄇᆡᆨ셩이
다ᄃᆞ라나숨거ᄂᆞᆯ도경이아
ᄋᆞ좌경이와소당올디킈고
잇ᄯᅥᆫ가자피여도ᄌᆞ기아ᄋᆞ
ᄅᆞᆯ주기려ᄒᆞ거ᄂᆞᆯ형도경이
울며닐오ᄃᆡ나ᄂᆞᆫᄌᆞ식이ᄌᆞ
라거니와아ᄋᆞ졀약ᄒᆞ고ᄌᆞ
식기뎌므니내아ᄋᆡ모기주
거지라ᄒᆞᆫ대아ᄋᆞ도ᄯᅩ올효
닐오ᄃᆡ내지빗이ᄅᆞᆯ다형이
출화ᄒᆞᄂᆞ니내죽거지라ᄒᆞ
티니도경이구틔여목ᄀᆞᆫᄂᆞ
리혀내와다칼로버히라효
대도ᄌᆞᆨᄃᆞᆯ히쉬르도라보고

道卿引頸 元

三綱行實圖 二十三

블오뒤너희효ᄌᆞ가문에형
뎨이리ᄒᆞ니ᄎᆞ마엇디해ᄒᆞ
료ᄒᆞ고다노화ᄇᆞ리니라

郭道卿四世祖以孝行著鄉里爲立孝子祠元初盜起居民多走匿道卿與弟佐卿獨守祠不去俱被執盜將殺佐卿道卿泣告曰吾有兒已長弟弱子幼請代弟死佐卿亦泣曰吾家事賴兄以理請殺我道卿固引頸請刃盜相顧曰汝孝門兄弟若此吾何忍害兩釋之

詩 居民畏盜競逃奔獨守先祠只弟昆孝行固知天所與肯教兇竪害元孫

弟兄爭死意堪悲賊膽還寒引頸時兩釋只緣誠孝感芳名傳世永無期

곽젼이뎌모론ᄆᆞ잠효도ᄒᆞ
더뎌게외세마돌나하다뒤
머잇서늘곽젼미손조티름
지어머기며조라거놀다겨
집어릇이니각각세간ᄂᆞᆫ화닷
자쟈귀놀곽젼이말니다가
못ᄒᆞ야바티며지비이긔물
놀호다사오나온거ᄉᆞᆯ가지
고계모롤모쉬살온뒤뇨ᄒᆞᆫ
차반을엽시아니티라

郭全事繼母唐古氏甚孝繼母生三子皆幼全躬耕以養旣長娶婦各求分財異居全不能止凡田廬器物自取荒瘠朽敗者奉唐古氏以居甘旨無乏

詩 嗟予艱辛共備嘗一朝分異可堪傷薄田破器吾當取甘旨無違奉後孃　薛包孝義世稱賢豈料君身更兩全青史昭垂名不泯又從圖畫上新編

오ᄉᆞ달의형뎨여스시아븨
명으로세간논화사더니ᄉᆞ
달이기명쥬부되엿다가아
비죽거ᄂᆞᆯ지븨와송장ᄒᆞ고
아ᄋᆞ모도와울고어미ᄃᆞ려
닐오ᄃᆡ우리형뎨다티사란
디여라모히니여러ᄒᆡ세간
논배오이시니오어믜나홍
싱이사오나오며됴호미고
로디아니타ᄒᆞ곰국제제지
빗거스로빈밥것들ᄒᆞᆯ다갑
끄다시모다호ᄃᆡ사니두어
히못ᄒᆞ야셔지뷔혜는홉나
모와버드낭기호ᄃᆡ브티니
어나거ᄂᆞᆯ사ᄅᆞ미닐오ᄃᆡ어
디로미감화ᄒᆞ야그러타ᄒᆞ
티라

思達義感元

吳思達兄弟六人嘗以父命析居思達為開平主簿父卒還家治葬事會宗族泣告其母曰吾兄弟別處十餘年矣今多破産以一母所生可使兄弟苦樂不均耶即以家財代償其逋更復共居不數年宅後榆柳為之連理人以為義所感焉

詩 曾承嚴命各分居憂樂參差十載餘泣告慈親辭感激弟兄和氣塞窮閭

一體而分六箇身悲歡饒瘠豈宜偏捐財償債還相聚榆柳終看理亦連

류군량이네뒤를ᄒᆞᆫ뒤사라
륙촌형뎨동셩ᄀᆞᆺ더니집안
쳬ᄒᆞᆫ말ᄡᆞᆯᄒᆞᆫ잣갑블아름뎨
이아니ᄒᆞ더라시졀이가ᄂᆞᆫ
켜놀겨지비다티살라권ᄒᆞ
며ᄠᅳᆯ헷남ᄀᆡ가마괴삿기자
리밧고아노ᄒᆞ사화우지지
거놀지빗사ᄅᆞ미황당이너
기더니겨지비블오ᄃᆡ시졀
이어즈러워새도ᄒᆞᆫᄃᆡ몯잇
곤ᄒᆞ올여사름이여형뎨과
각ᄃᆞᆺ디사니ᄒᆞᆫ도나마그ᄇᆞᄃᆞ
들ᄉᆞᆯ표겨지블내티며날오
듸비내짓일홈여ᄇᆞ리티니
라형뎨를블러울며니르고
다시ᄒᆞᆫᄃᆡ사니나라히졍표
ᄒᆞ시니라

二倫行實宗族圖

二倫圖

二十六

劉君良四世同居族兄弟猶同産也門內斗粟尺帛無所
私隋大業中荒饉妻勸其異居乃易置庭樹鳥雛令鬪且
嗚家人恠之妻曰天下亂禽鳥不相容況人耶即與兄弟
別處月餘密知其計因斥去妻曰爾破吾家召兄弟流涕
以告更復同居貞觀六年表異其門閭

詩 四世同産業更同居四代相傳不出踈一婦邪謀寧間
我從教兄弟復如初　斗粟其誰敢自私要同門內給
寒飢滔滔好貨私妻子視此如何不忸怩

댱공예아홉뉘를ᄒᆞᆫ듸사더
니여러님금께다텽표ᄒᆞ시
니후에님굼이비봉나가시
다가그지븨힝ᄒᆞ샤공예
를블러보시고아ᄋᆞᆷ돌와화
동ᄒᆞᆫ노이를무르신대공예
죵히븟들주쇼셔ᄒᆞ여뎌답
ᄒᆞ되죠히예ᄎᆞᆷ을ᄌᆞ를입
빅나마써진샹ᄒᆞ니라그ᄡᅳ
디벼ᄠᅳ디아ᄅᆞ믜화동티아
니ᄒᆞ믄옐운이옷밥블골오
아니주거나앗겨몬사ᄅᆞᆷ
이례졀리그르거나셔르의
다마다ᄒᆞᆷ모로거ᄉᆞᆯ이되ᄂᆞ
니각각셔르ᄎᆞᆷ으면져빗이
리ᄌᆞ연히화동ᄒᆞ리라

張公藝九世同居北齊隋唐皆旌表其門高宗封泰山幸其宅召見公藝問其所以能睦族之道公藝請紙筆以對乃書忍字百餘以進其意以為宗族所以不協由尊長衣食或有不均卑幼禮節或有不備更相責望遂為乖爭苟能相與忍之則家道雍睦矣

詩 世人分割不同廬獨有張公九世居帝問由來能睦道但將忍字百來書　禮嚴卑幼缺應頻尊長衣飧或未均忍不出言相責望怡怡家道自相親

뎐공이강쥐셔사뎌니열세
뉘를ᄒᆞᆫᄃᆡ살며열운아ᄒᆞ모
도와칠ᄇᆡᆨ가로ᄃᆡ죵이며쳡
을두디아니코아래우ᄒᆡ화
ᄂᆞᇂ여ᄉᆞ이예잡말이업더
라ᄆᆡ양밥머글제큰집의모
다앉자져믄아ᄒᆡᄃᆞᆯ과별이
돗ᄀᆞ라앉치더라가히일ᄇᆡᆨ
이나모ᄃᆡᄒᆞᆫ구유예밥주어
ᄒᆞᆫ가히나아니가면모도가
히다아니먹더라

陳兢居江州自昉至兢十三世同居長幼七百口不畜僕妾上下姻睦人無間言每食必群坐廣堂未成人者別為一席有犬百餘亦置一槽共食一犬不至群犬皆不食

詩　七百餘人未忍分高曾叔姪曁仍雲十三嗣世同炊爨每食長遞列作群　敦睦家風世所崇詵詵長幼一堂中欲知感化冥冥裏看取槽中百犬同

범듕엄이ᄌᆡ보ᄅᆞᆯ앗셔디아
니ᄒᆞ야ᄂᆞᆷ을즐겨주되티옥
아ᄋᆞᆷ향ᄒᆞ야후히ᄒᆞ더니벼
ᄉᆞᆯ노피되야논고올갓싸이
됴ᄒᆞᆫ밧이삼빅미솔사외장
을밍ᄀᆞ라모도아ᄋᆞᆷ의가난
ᄒᆞ니ᄅᆞᆯ이밧티니아ᄋᆞᆷ듕애
나하고어디니ᄒᆞ나홀ᄀᆞᆯᄒᆡ
야ᄆᆞᄋᆞᆷ아라집거ᄉᆞᆯ내며ᄃᆞ
라ᄐᆡ니ᄒᆞᆫ나히ᄒᆞᄅᆞ한되ᄲᆞᆯ
먹고ᄒᆞᆫᄒᆡ예겹오ᄉᆞᆫ필곰니피
며남진겨집어리며상ᄉᆞ애
다유여히주티라저샹되야
셔봉ᄒᆞᆫᄀᆞ올ᄒᆡᆫ분황제가밧
고애어티보라ᄒᆞ니김삼쳔
필로ᄡᅴ셔노ᄂᆞ리ᄒᆞ야아ᄋᆞᆷ
과모ᄋᆞᆫ히아ᄂᆞᆫ사ᄅᆞᆷ크거나

쟈그나마련록ᄒᆞ야그깁을
홉마주라코닐오ᄃᆡ아ᄋᆞᆷ
파ᄂᆞᆫ올들히니의ᄌᆞ라ᄒᆞᆫ
화벼슬ᄒᆞ거든보고날도아
깃거ᄒᆞᄂᆞ니엇뎌가포리오

范仲淹輕財好施尤厚於族人既貴於姑蘇近郭買良田數千畝為義莊以養群從之貧者擇族人長而賢者一人主出納人日食米一升歲衣縑一匹嫁娶喪葬皆有贍給自政府出歸姑蘇焚黃搜外庫惟有絹三千匹令掌吏錄親戚及閭里知舊自大及小散之皆盡曰宗族鄉黨見我生長幼學壯仕為我助喜何以報之哉

詩 千畝良田豈自圖盡施宗族遍親疎匹衣升食無他費婚葬相扶亦有餘　庫中搜得三千絹一日親知盡散之聊報鄉閭助吾喜相公曾不念家私

뉵구쇠그집이여러ᄃᆡ롤ᄒᆞᆫ
디모다사디니민열운ᄒᆞ나
히지아비되여셔ᄒᆞᆫ집이롤
거ᄂᆞᆯ야ᄒᆞ더라ᄒᆡ마다ᄌᆞ
뎨롤ᄀᆞᆷ히여논ᄎᆞ집일맛
뎐믈읏ᄐᆞᆫ디예곡식내며드
리기롤ᄒᆞ며음식밋그라ᄉᆞᆫ
디졉ᄒᆞ기롤각각ᄆᆞᄋᆞᆷ아라
잇더니구쇠ᄆᆞᄅᆞ치며경계
ᄒᆞᄂᆞᆫ말로글지어새배니러
웃듬ᄂᆞᆫ이모도ᄌᆞ뎨ᄃᆞ리고
ᄉᆞ당의가뵌후에븍티고그
글롤외와들이더라ᄌᆞ뎨허
믈이잇거든웃듬나니모도
ᄌᆞ뎨롤모도고외다ᄒᆞ야ᄆᆞ
ᄅᆞ츠ᄃᆡ고티디아니커든ᄐᆡ
고배죵ᄂᆡ고리ᄃᆡ못ᄒᆞ야두

더옷ᄒᆞ가시브거든구이예
ᄂᆞᆯ니면리내티리라

陸九韶其家累世義居一人最長者爲家長一家之事聽命焉歲選子弟分任家事凡田疇租稅出納庖爨賓客之事各有主者九韶以訓戒之辭爲韻語晨興家長率衆弟子謁先祠畢擊鼓誦其辭使列聽之子弟有過家長會衆子弟責以訓之不改則撻之終不改度不可容則言之官府屛之遠方焉

詩 劃戶分門薄俗然義居陸氏事堪傳區分職任由家長出納承迎禮罔愆

韻語丁寧是訓辭晨興擊鼓謁先祠固知有敎元無類誰敢將身蹈匪彝

됴문시그집이열ᄃᆡ롤ᄒᆞᄃᆡ
사라모도아이ᄇᆡᆨ마오누모
히려니ᄒᆞᆫ쇼돈호꽃갑도아
ᄅᆞᆷ目록아나ᄒᆞ더라ᄐᆡᆼ몬셔
쥬구놀소촌마수대호니어
집옷일ᄆᆞ옴아로되뎌오업
경코몬ᄒᆡ이셔집간히셕셕
ᄒᆞ야구이ᄯᅳᆺ더라조ᄐᆡ히
물외셴ᄂᆞᆫ비록멀이쉬니라
도ᄃᆞ티티라미양명일ᄡᅥ어
드ᄅᆡ홰ᄢᅢ레예안셴ᄂᆞᆫ모로
앗보쳐들히미못ᄯᅳᆫ줄ᄒᆞ고
틱드됨의셔ᄶᅡ가太ᄅᆡ곰울
나가뎌ᄒᆞ고ᄯᅧ려잔자바헌
슈ᄒᆞ고공경ᄒᆞ야ᄉᆞ앗ᄃᆞᆺ
곰옷텨코모두라나오니본
사ᄅᆞᆷ로차탄코브리ᄒᆞ더라

여벗이란아비근몰위ᄒᆞ야
셔동결目앋개라ᄒᆞ야품ᄉᆡᆼ
ᄒᆞᆫ라대해청ᄆᆞᆨᄒᆞ야품이
머도ᄉᆞ의일아니쿄의쇠쥬
ᄌᆞ가례대로ᄒᆞ더니ᄌᆞ손이
다효도코상가티라모도며
누긔들ᄒᆞ올흠짐븨일만히이
끠김의ᄉᆞᆼᄉᆞᄅᆞᆯ참예아니귀
ᄒᆞᆸ라집의두몰ᄅᆞᆯ두ᄃᆡᄒᆞᆫ
몰곳나ᄎᆡ면ᄒᆞᆫ몰이음식와
니먹디니사ᄅᆞᆷ이ᄒᆡ감화
ᄒᆞ야그러타ᄒᆞ더라

鄭文嗣其家十世同居凡二百四十餘年一錢尺帛不敢私文嗣沒從弟大和繼主家事益嚴而有恩家中凜如公府子弟稍有過頒白者猶鞭之每歲時大和坐堂上群從子皆盛衣服鴈行立左序下以次進拜跪奉觴上壽畢皆肅容拱手自右趨出見者嗟慕余闕為書東浙第一家以褒之大和方正不奉浮屠老子教必稽朱子家禮而行子孫從化皆孝謹諸婦唯事女工不使預家政家畜兩馬一出則一為之不食人以為孝義所感

詩 怡怡肅肅政連綿十世同居二百年伏臘壽觴遵禮數傍觀嘖嘖嗟群賢　家法嚴恩冠浙東不遵釋老尚儒風諸孫孝謹皆從化畜物雖微亦感通

왕원뵉이비뎌줌다리밥지
여먹디아니ᄒᆞ야집읫사ᄅᆞᆷ
이일빅이나모ᄃᆡ스이메말
이업더라.나갈모도겨집이
며먼느리들로ᄒᆞᆫ뒤모다셔
일ᄒᆞ야ᄒᆞ고애븨허ᄃᆞ고아
ᄅᆞᆷ도이교슈아니ᄒᆞ더라아
ᄒᆡ울어든모도어미보니조
ᄎᆞ아나져ᄉᆞ먹이니ᄒᆞᆫ며느리
게어버의집의갈제아기ᄅᆞᆯ
ᄇᆞ고가면모도며느리모다
져어겨아모아기제조식인
ᄌᆞᆯᄅᆞᆯ모ᄅᆞ더아기도아ᄆᆡ게
어민줄을모ᄅᆞ더라원ᄇᆡᆨ의
형원ᄇᆡᆨ이죽거ᄂᆞᆯ집의이ᄅᆞᆯ
형의아ᄃᆞᆯ리게맛디ᄂᆡ그아
ᄃᆞ리ᄉᆞ양ᄒᆞ되아자비ᄒᆞ뉴

지라 원뵉이 블오뒤 벼슬을
ᄒᆞᄂᆞᆫ 식이라 비호ᄂᆞᆫ기시라 셔
르 오래 ᄉᆞ양타가 내 좃ᄎᆞ야마
ᄎᆞᆫ 아ᄃᆞᆯ 맛디니 후에 나라히
뎡어ᄃᆞᆫ 닷ᄒᆞ야 홍문 셰니라

王元伯四世不異爨家人百餘口無間言日使諸女諸婦
各聚一室爲女工畢歛貯一庫室無私藏幼兒啼泣諸母
見者卽抱哺一婦歸寧留其子衆婦共乳不問孰爲己兒
兒亦不知孰爲己母也凡宣伯卒卽以家事付姪執執辭
曰叔父行也叔宜主之元伯曰姪宗子也姪宜主之相讓
旣久卒以付執至元問旌表其門

詩 四世同炊不折居女工勤聚不私儲兒啼見者爭相
乳不問阿孃大小姐 已矣凡亡可得追盡將家事付
宗兒一門叔姪相推讓高義堪爲後世師

범식이댱원빅과본향애갈
제닐오ᄃᆡ훗두ᄒᆡ예도라ᄃᆡ
나ᄀᆞᆯ제그ᄃᆡ어아냥을뵈
ᄋᆞ오링이다날톙ᄒᆞ고그날
이갓奇와오거ᄂᆞᆯ원빅이챠
반밍ᄀᆞ라지라ᄒᆞᆫ대어이닐
오ᄃᆡ두하여희여먼니쉬날
은말올엇디미드료ᄒᆞᆫ대원
빅이닐오ᄃᆡ거겸은유신ᄒᆞᆫ
샤ᄅᆞᆷ이라그릇ᄒᆞ디아니ᄒᆞ
링이다ᄒᆞ야ᄂᆞᆯ어미닐오ᄃᆡ
그러ᄒᆞ면술비즈리라그날
애과연히와어미게절ᄒᆞ고
술머그니거겸은범식의자
라후에원빅이병디텹셔널
오ᄃᆡ내죽쟈사쟈사피노ᄒᆞᆫ
범식을못보애라ᄒᆞ고이윽

고죽으니범식이夢에원빅
이블러닐오ᄃᆡ거경아내아
모날죽어아모ᄢᅴ송장ᄒᆞᄂᆞ
니날보ᄂᆡ아니커든미치오
나라범식이도려가니블셔
발인ᄒᆞ야무덤ᄯᅡ해가ᄂᆞᆫᄃᆡ
곽이아니가거ᄂᆞᆯ그어미곽
을므지며머믈리두고보니
흰몰게울고오거ᄂᆞᆯ어미닐
오ᄃᆡ이반ᄃᆞ시거경이로다
거경이와상여를ᄯᅳ리며
닐오ᄃᆡ니거라원빅아길히
다ᄅᆞ니이리셔여희쟈범식
이곽을자바도의니곽이나
아니거ᄂᆞᆯ거ᄭᅴ아셔뭇고나
무시므고가니라

范式與張元伯並告歸鄉里式謂元伯曰後二年當過拜尊親乃共尅期日期將至元伯請設饌以候之母曰二年之別千里結言何相信耶對曰巨卿信士必不乖違母曰若然當醞酒至其日巨卿果至升堂拜飲巨卿式字也後元伯疾篤歎曰恨不見吾死友范巨卿尋卒式忽夢見元伯呼曰巨卿吾以某日死某時葬子未我忘豈能相及式便馳往赴之喪已發引既至壙而柩不肯進其母撫之遂停柩移時乃見素車白馬號哭而來母曰是必巨卿也巨卿既至叩喪言曰行矣元伯死生異路永從此辭式因引柩於是乃前式遂留止冢次爲脩墳樹而去

詩 千里相期二載餘眼青堂上見華裾壽觴共進浮春色始喜吾兒語不虛　白馬馳來是巨卿夢中相感亦丁寧攀號永訣柩還進誠信應通地下靈

루호의벗벗티공이갈ᄃᆡ업
서가거ᄂᆞᆯ루희티공파ᄒᆞᆫ뒤
밥먹오며루호의겨집도티
공의겨집파ᄒᆞᆫ뒤밥먹은ᄇᆡ
오래거ᄂᆞᆯ취ᄌᆞ식이ᄆᆞ장늘
희여ᄒᆞ티니루희올며취ᄌᆞ
식을ᄯᅥ지귀블오더티공은
벗벗더니늙고궁박ᄒᆞ여내
게와의탁ᄒᆞ니더졉ᄒᆞ여
야올ᄉᆞᆼ니라ᄒᆞ고티공을쥭
ᄂᆞᆨ록이바ᄃᆞ니라

樓護有故人呂公無所歸護身與呂公妻與呂嫗同食後護妻子頗厭呂公護流涕責妻子曰呂公故舊窮老託身於我義所當奉遂養呂公以終身

詩 故人投我爲無歸義所當爲不敢辭身勸呂公妻勸嫗一盤麁糲當甘肥　久寓人情生厭斁樓公垂涕責妻孥慇懃奉養終身世舊意從前誓不渝

쵹나라댱예파군원이되여
셔쥐믄졔양공파사괴티니
양공이일죽고ᄌᆞ식이두어
설로몯ᄒᆞ엿거ᄂᆞᆯ댱예ᄃᆞ려
다가집을노화사티니양공
의업이롤텁기티니엄의ᄌᆞᆺ
티ᄒᆞ야양공의ᄌᆞ식이ᄌᆞ라
거ᄂᆞᆯ겨집얼이고집텬디며
셰간주어살게ᄒᆞ니라

三綱圖 三十五

蜀國張裔先主以為巴郡太守少與楊恭友善恭蚤死遺孤未數歲裔迎留與分屋而居事恭母如母恭之子息長大為之娶婦買田宅産業使立門户

詩 少結金蘭著意長死生雖異義何忘撫孤將母皆如已竟置田莊使主張 友道由來貴不渝張公信義孰能儔世間覆雨飜雲者見此寧無愧汗流

나도종이ᄆᆞ욤이강개ᄒᆞ고
곳티니텽관죄의샹쇼ᄒᆞ다
가뫼다ᄒᆞ여남븍코귀향가
티니ᄒᆞᆫᄢᅴ귀향가며사피ᄂᆞ
니길헤가병ᄒᆞ여주글제울
고닐오ᄃᆡ사ᄅᆞᆷ이주글거시
어니와ᄒᆞᆫ자ᄂᆞᆫ뫼ᄯᅡ해ᄇᆡ릴
미디련티도종이닐오ᄃᆡ나
곳도라오면내죵내그미로
ᄒᆞᆫ자예잇쎄아니ᄒᆞ리라길
ᄉᆡ애못고갓ᄯᅡ가ᄒᆞᆫ히나마
샤나거놀울제맛초와바와
믈이만커놀무른ᄯᅡᄒᆞᄅᆞᆯ쇼
도종이드르헤셔우노라ᄒᆞ
니믈결가온ᄃᆡ셔ᄉᆡᆷ노ᄂᆞᆫ뇨
도종거븐모종이닐오ᄃᆡ주
검곳잇ᄉᆡ든다시ᄉᆡᆷ놀라곳

니ᄅᆞ니물이ᄯᅩᄂᆞᆫ솟거ᄂᆞᆯ
ᄲᅧᄅᆞᆯ어더지여본향의도라
오니라

羅道琮慷慨尚節義貞觀末上書忤旨徙嶺表有同斥相善者死荊襄間臨終泣曰人生有死獨妻骨異壤耶道琮曰吾若還終不使君獨留此瘞路左去歲餘遇赦歸方霖潦積水失其殯處道琮慟諸野波中忽若溢沸者道琮曰若屍在可再沸祝已水復湧乃得屍負之還鄉

詩 天涯同謫共辛酸妻骨殊方涕自潸琮重臨終盟約在將身何忍獨生還　鷄書似與潦相期草葬江邊失所之一片丹誠天感應波中溢沸豈人為

오보안은곽듕샹의ᄎᆞ모ᄅᆞᆫ
사ᄅᆞᆷ이라듕샹이궁박ᄒᆞ믈
을어엿비너겨힘ᄡᅥ칙귱ᄒᆞ
여쟝쉬고ᄯᅢ슬통이니ᄒᆞᆫ에
듕샹이되게자피여가길일
칙필밧고야노하보내라키
늘보안이사내ᄭᅳ려ᄒᆞ더감
시업시힘ᄡᅥᄒᆞ쳥질ᄒᆞ여ᄇᆞᆯ
칙만의깁쳘뵈필어티되믈
주고듕샹을ᄲᅢ여오니라ᄒᆞ
에듕샹이엄의거상벗ᄂᆞᆫᄇᆞᆯ
오디내오보안의텩의사라
나니이제엄이죽으니내ᄯᅳᆺ
내로호리라그ᄌᆡ긔보안이
나가죽고겨집도죽어쉬신
태를못가져왓ᄂᆡ늘듕샹이
쉬ᄒᆞ여거상닙고ᄡᅧ주어티

히신벗ᄭᅧ지여가송장ᄒᆞ고
삼년시묘살고보안의조식
두려다가겨집얼이고제벼
ᄉᆞᆯ을주니라

吳保安郭仲翔里人也仲翔哀其窮力薦之表為掌書記
後仲翔被執於蠻必求千縑乃肯贖保安營贖仲翔苦無
貲乃力居貨十年得縑七百即委蠻得仲翔以歸後仲翔
居母喪及服除喟曰吾賴吳公生今親沒可行其志時保
安客死妻亦沒喪不克歸仲翔為服縗絰囊骨徒跣負之
歸葬廬墓三年迎保安子為娶妻而讓以官

詩 援蠻乞救恨家貧力索千縑贖一身負葬服縗還守
墓感恩終報再生人　滔滔盡是翻雲手千古稀逢信
義中感激恩情期必報兩人高操激婾風

니면이쥐믄제가뵨ᄒᆞ여나
가니되여셔 션비놈과ᄒᆞᆫ쥬
인에 갓셔니ᄒᆞ셥비병ᄒᆞ여
주글제 은ᄉᆞ니면이주며날
오되겨뒷사ᄅᆞᆷ이모르ᄂᆞ니
그저이은울날ᄒᆞ장애ᄲᅳ고
남거든그뉘가지라니면이
그리ᄒᆞ엿ᄒᆞ고ᄒᆞ장ᄒᆞᆫ후에ᄆᆞ
아니그 은울곽아래티코가
니후에계집사ᄅᆞᆷ이니면이
뵬뵈라가 니면이두려가
무덤어뎌은울내여주니라

38 a

李勉安貧客梁宋與諸生共逆旅諸生疾且死出白金曰左右無知者幸君以此為我葬餘則君自取之勉許諾既葬密置餘金棺下後其家謁勉共啓墓出金付之

詩 逆旅同棲幾苦辛臨終訣語忍堪聞死生付托無相負高義千秋孰似君　葬君餘是為吾物若取而歸是負心密取餘金棺下置此心皎皎彼蒼臨

셔최의사피ᄂᆞᆫ양빙이죄니
버폄마자남해원을가거ᄂᆞᆯ
아ᄋᆞᆷ벗들히저허가보리업
더니셔회ᄒᆞᆫ자멀리가젼숑
ᄒᆞᆫ대저상권덕예닐오되남
해원젼송ᄒᆞ니외다ᄒᆞ여도
엇딜다셔회닐오되내벼ᄉᆞᆯ
몯ᄒᆞ여셔긔범해나ᄅᆞᆯ아티니
이제ᄎᆞ마ᄇᆞ리랴ᄒᆞ더라여
공이ᄂᆞ미게할티나가거든
그리ᄒᆞᆯ귀시잇샤티예그프
도주물일ᄒᆞ티라니이관이
셔회ᄅᆞᆯ쳔거ᄒᆞ여감찰어ᄉᆞ
ᄒᆡ여ᄂᆞᆯ가샤례ᄒᆞ고친거ᄒᆞ
주ᄅᆞᆯ무ᄅᆞᆫᄃᆡ이관이닐오되
그ᄃᆡ양남하ᄅᆞᆯ지여ᄇᆞ리디
아니커니나라ᄒᆞᆯ지여ᄇᆞ릴

다ᄒᆞ더라

徐晦所善楊憑得罪貶臨賀尉姻友憚累無往候者獨晦至藍田慰餞宰相權德輿謂曰君送臨賀誠厚無乃爲累乎晦曰方布衣時臨賀知我今忍遽棄耶有如公異時爲奸邪潛斥又可爾乎德輿歎其直稱之朝李夷簡遽表爲監察御使晦過謝問所以擧之之由夷簡曰君不負楊臨賀肯負國乎

詩 自許相知舊布衣那堪遠謫送將歸一身有累何曽計送至藍田不忍離　相公推薦應非苟稱職終爲御史官不負相知寧負國高名一日上朝端

숑나라사ᄅᆞᆷ사되동냥갈제
가난ᄒᆞ여길나디못ᄒᆞ여셔
ᄂᆞᆯ권당돌ᄒᆞ돈삼만ᄂᆞᆯ모도
와주니길ᄂᆞ가다가아비벗
틔숑의집의디나ᄃᆞ니ᄃᆡ숑
이주거셔숑장ᄋᆞᆯ몯ᄒᆞ여그ᄌᆞ식
ᄅᆞᆯᄑᆞ라ᄒᆞ리커ᄂᆞᆯ사되제ᄯᆞᆯ
ᄂᆡᆺ돈을다내여주고ᄯᅩ그ᄌᆞ식
ᄅᆞᆯ남진얼이게ᄒᆞ니라

查道淳化中初赴舉貧不能上道親族裒錢三萬遺之道出滑州過父友呂翁家翁喪無以葬母兄將鬻其女以辦襄事道傾橐中錢悉與之又嫁其女

詩 義重財輕見最明貧難赴選亦無營却將親戚裒錢橐都為先人執友傾　元振今亡可奈何惟謀鬻女不謀他橐錢傾與供襄事葬母埋兄濟一家

한억이외니의곡이굽테옷
ᄒᆞ야신제다가반ᄒᆞ티니홈
쉬쉬올동당가쉬나도닐케
서로죵이되티라약곡이몬
저굽테ᄒᆞ여ᄯᅡᆼ샤읠ᄒᆞ야갈
쳐겨집의몸ᄇᆡᆼ마ᄒᆞ고한의
이졈치이고을몬이쳔ᄒᆞ롬
떼노ᄒᆞ여셔널오디고올샴
롬이올가져폐라ᄒᆞ고징에
다모든인복이잇서늘반
올한억이주고서무잡고ᄆᆞ
장을ᄆᆞ가니호방애한억이
도금떼ᄒᆞ여벼슬ᄎᆞᆷ티지이
ᄒᆞ여혼인ᄒᆞ기를그처디아
니ᄒᆞ티라

韓億李若谷未第時皆貧同試京師每出謁更為僕李先登第授長社縣主簿赴官自控妻驢億為負一箱將至縣三十里李謂韓曰恐縣吏來籍中只有錢六百以其半遺韓相持大哭而去後舉韓亦登第仕皆至參政為婚姻不絶

詩 二子同時舉上都何嫌出謁迭為奴由來貧賤交尤密榮辱升沉兩不渝　自控妻驢赴縣時韓生猶復負箱隨分餞道上相持哭從此連姻義莫虧

범슌인이노둥엄의아두리
라뭉엄이슌인이ᄒᆞ여고솟
끄을가ᄆᆞᆯ오뫼셤을비징ᄒᆞ
여오라ᄒᆞ매슌인이나허져
엇더니노라올제단양의셔
만겹이ᄅᆞᆯ본대만겹이ᄂᆞᆯ오
되내오ᄂᆞᆫ너두ᄂᆞᆯ이로되세
신톄울벋소ᄒᆞ여두고송장
ᄒᆞ고가려ᄒᆞ니더브러ᄂᆞᆯ를
뒤업세라슌인이제ᄆᆞᆯ실은
비채ᄀᆞ주고호ᄌᆞ집의와아
비뵈고모셔섯건ᄂᆞᆯ듕엄이
ᄂᆞᆯ오뒤게가빗벗본다슌인
이ᄂᆞᆯ오뒤만경이세상ᄉᆞ송
장못ᄒᆞ여단양이셔무그며
이쳐곽원진ᄆᆞ토사롬이업
ᄉᆞ니ᄂᆞᆯ을뒤업세라ᄒᆞ티시

다둥엉이ᄂᆞᆯ오ᄃᆡ엇디밀ᄉᆞᆯ
온ᄇᆡ를주디아니ᄒᆞ엿ᄂᆞᆫ인
이ᄉᆞᆫ오ᄃᆡ셜셔주니이다ᄒᆞ
더라

范純仁仲淹子也仲淹在睢陽純仁到姑蘇搬麥五百斛
純仁時尚少既還舟次丹陽見石曼卿問寄此久何也曼
卿曰兩月矣三喪在淺土欲葬而北歸無可與謀者純仁
以所載麥舟付之單騎到家拜起侍立良久仲淹曰東吳
見故舊乎曰曼卿為三喪未舉方留滯丹陽時無郭元振
無可告者仲淹曰何不以麥舟付之純仁曰付之矣

詩 誰教小范往姑蘇大范親提汗血駒搬到義牂輸老
子麥舟五百視錙銖　歸來侍立喜津津不問歸裝問
故人倘不麥舟付襄事茲行終是負嚴親

후개화원원욀ᄒᆞ니짐은제
븟티신안이와사피더니신
안이병ᄒᆞ엿거ᄂᆞᆯ쳘니여가
외원ᄋᆞᆯ엇티니도라오디몯ᄒᆞ
여셔신안이죽언눈놀곰디
아니거ᄂᆞᆯ사ᄅᆞᆷ이블오뎌ᄒᆞ
가ᄅᆞᆺ기도로노라알이변ᄃᆞ
다대렴ᄒᆞᆯᄆᆞᆫᄒᆞ면오리라ᄒᆞ
ᄭᅩ소노로민져니누ᄂᆞᆫᄆᆞ
니라신안이ᄌᆞ식엽쳐ᄒᆞᆯ장
몯ᄒᆞ여ᄒᆞ거ᄂᆞᆯᄒᆞ개슈ᄭᅩᄒᆞ
며오ᄉᆞᆯ라슈ᄑᆞᆷ주어내몰녀
영장ᄒᆞ니라ᄒᆞ개비야홀로
처온졔ᄒᆞᆫ옵ᄐᆞᄭᅩ잇다ᄒᆞ여
은주리잇ᄐᆞ니신안이누의
쳐뎌로인노졸을보ᄭᅩ그은
을주어결ᄒᆞ라ᄒᆞ니라홀

로멀리나갓다가오니집의
셔ᄡᅳᆯ것업셔라니ᄅᆞ티니마
초아버곽힝이와놀오ᄃᆡ내
아비병ᄒᆞ여의원의게고티
라ᄒᆞ니돈놀만히달라ᄒᆞ니
내집을ᄑᆞ라도못ᄑᆞ라리로
다ᄒᆞᆫ대후개어엿비너겨혀
여보니궤ᄌᆞᆼ에온가시거의
ᄌᆞ랄가시ᄇᆞ거늘다주니라

侯可為華原主簿出與申顏為友顏病重千里為求醫未歸而顏死目不瞑人曰其俟君乎且斂而可至拊之乃瞑顏無子不克葬可辛勤百營鬻衣相役卒葬之方天寒單衣以居有饋白金者顧顏之妹處室舉以佐其奩具一日自遠歸家以妻告適友人郭行扣門曰吾父病醫邀錢百千賣吾廬而不可售可惻然計橐中裝略當其數盡與之關中稱為賢

詩 辛勤千里遠求醫生死那知隔此時張目瞑時靈不昧鬻衣空相送終儀　郭生罄橐還資急顏妹遺奩更顧窮不負一心生死際華原高義薄層空

한시절운챵이효고울운쟝
이를스승사맛더니왕망이
오쟝이을죽이고오쟝의뎨
조일천나무니울혼당이라
ᄒᆞ여다금고ᄒᆞ야벼슬못ᄒᆞ
게ᄒᆞ니다곳뎨다른니롤스
싱삼더니운챵이제벼슬말
고내오쟝의뎨저로라ᄒᆞ고
오쟝의신뎨를아나염관ᄒᆞ
야송장ᄒᆞ대셔울ᄒᆡ일ᄌᆞ뎌
라왕슌이어디리너겨천거
ᄒᆞ여듕낭관태우벼슬ᄒᆞ이
니라

二倫行實師生圖

云敞自劾漢

漢云敞師事同縣吳章平帝時章為博士王莽秉政章忤莽坐腰斬當是時章弟子千餘人莽以為惡黨皆當禁錮不得仕宦乃盡更名他師敞時為大司徒掾自劾吳章弟子收抱章屍歸棺斂葬之京師稱焉車騎將軍王舜高其節義薦為中郎諫大夫

詩 吳章忤莽坐腰刑畏禁門人盡更名獨有先生能自劾斂藏骸骨荅恩情

式穀成人誨在師事三如一分當宜先生一舉扶名教此義須令學子知

환영이져믄제셔울가글ᄇᆡ
화구감의잇ᄃᆞ쥬보로셤겨
샹셔ᄅᆞᆯᄇᆡ호ᄃᆡ가난ᄒᆞ여ᄡᆞᆯ
것업서샹해ᄂᆞᄆᆡ일ᄒᆞ여먹
고셔힘ᄡᅥ게을이아니ᄒᆞ여
열ᄒᆡᄅᆞᆯ집의일보디아니ᄐᆡ
라마초아쥬뵈죽거ᄂᆞᆯ환영
이분상ᄒᆞ여구강의가ᄒᆞᆯ제
여므덤ᄆᆡᆼᄀᆞᆯ고인ᄒᆞ여이웃글
ᄀᆞᄅᆞ치니뎨ᄌᆞ이ᄇᆡᆨ이나ᄒᆞ
더라

桓榮出學長安習歐陽尚書事博士九江朱普貧窶無資
常客傭以自給精力不倦十五年不窺家園會普卒榮奔
喪九江負土成墳因留教授徒衆數百人

詩 生三事一理斯存世之隆儒孰知昏桓氏也能知此
義奔喪負土報前恩 食貪都下習書經十五年来力
致精尊寵竟蒙稽古力何曾一字忘先生

위나라관뢰나히여라믄인
제ᄒᆞ고을딕ᄂᆞ악은의게가
글비ᄒᆞ더니후에악은이장
군하묘의낭텽이되여가거
놀관뢰조차가ᄒᆞᆫ자비ᄒᆞ
더니셤울이어즈리워합고
와악은이다주거놀관뢰악
은의配ᄌᆞᆺ쇠란사ᄅᆞᆷ이칼
놀울두리더아니ᄒᆞ고드러
가악은의시톄를고슈ᄒᆞ여
가져오다가ᄯᅩ잡히ᄂᆞᆫ뎌만
나ᄉᆞ노등은다도라나고도
쥐이팍을헤뎌내여ᄡᅳ렵거
놀관뢰울고말라ᄒᆞᆫ대노젹
이어디리녀겨ᄇᆞ리고가니
이일로일홈나니라

三國魏牽招年十餘歲詣同縣樂隱受學後隱爲車騎將軍何苗長史招隨卒業値京師亂苗隱見害招與隱門生史路等觸蹈鋒刃共殯斂隱屍送喪歸還道遇寇鈔路等皆悉散走賊欲斫棺取釘招垂涕請免賊義之乃釋而去由此著名

詩 當年從學在髫稚遇亂師亡最可悲冒刃斂屍還舊里蒼皇終不負吾師　道逢頑寇亂干戈史路先奔獨奈何一寸丹誠終感賊斫棺凶禍不能加

양시란션비뎡도션ᄉᆡᆼ의게
도ᄒᆞᆨ을비화와ᄯᅡ가션ᄉᆡᆼ이
주단말ᄃᆞᆺᄭᅭ히우밍ᄀᆞ라노
코올고ᄒᆞᆫ뒤비ᄒᆞᆫ目사ᄅᆞᆷ의
귀유무ᄒᆞ여알외니라ᄒᆞᆫ에
유작이와ᄒᆞᆷᄯᅴ가이쳔셥
울뵈티니이쳔셤이눈ᄋᆞᆯ
ᄭᅩ안잣거ᄂᆞᆯ둘히뫼셔셧더
니ᄭᆡ여ᄇᆞᆯ오뒤그뒤ᄂᆞᆫ그져
겨시더니오ᄂᆞᆯ이졈그려시
니가쉬라ᄒᆞ샤문밧긔나니
눈이ᄌᆞ사혀ᄒᆞᆫ자히리라

楊時得明道之傳而歸及聞其卒設位哭寢門而以書訃告同學者後與游酢同見伊川伊川瞑目而坐二子侍立既覺謂曰賢輩尚在此乎今既晚且休矣及出門外雪深一尺矣

詩 學道歸來道已東山頹梁毁恨難窮寢門慟擗知天喪為訃諸生共哭從　吾師之弟亦吾師却與游君共事之偶值先生瞑目坐雪深一膝不知疲

ᄡᅥ원뎡의아비발이글을ᄀᆞ
히보아ᄐᆡ시업ᄉᆞ파ᄒᆞ시경
ᄭᅦ와댱시ᄎᆞᆷ롱으로원뎡이
울ᄭᅮ취ᄂᆞᆯ옥뒤이공ᄌᆞ뎡
ᄌᆞ의바ᄅᆞᆫ줄리이라원뎡이
그ᄠᅳ들깁피아라입외ᄌᆞ라
ᄂᆞᆫᄒᆞᆯ히여ᄎᆡ리물티옥졍ᄒᆞ
ᄒᆞ야쉬산의올라주려셔ᄂᆞ
몰려ᄑᆞ고ᄀᆞᆯ붉티라ᄎᆔ희미일
ᄒᆞ울듯고가ᄉᆞ싱삽우니쥬
회비ᄒᆞᆫ거ᄉᆞᆯ무리보ᄑᆞ장
ᄂᆞᆯ나날오뒤이ᄂᆞᆫ내ᄂᆞᆯ론버
더오ᄐᆡᄌᆞ의뉴에두ᄒᆡ몽ᄒᆞ
리로다ᄒᆞ고ᄒᆞᆫ상의안자ᄒᆞ
기ᄑᆞᆫᄯᅳᆺ의논ᄒᆞ여밤ᄉᆞ의니
ᄅᆞ티라ᄉᆞ방의셔파빈ᄒᆞ사
ᄆᆞᆷ울반드시몬져원뎡의게

조차질뎡ᄒ더라

蔡元定父發博覽群書以程氏語錄邵氏經世張氏正蒙
授元定曰此孔孟正脉也元定深通其義旣長辨析益精
登西山絶頂忍飢食薺讀書聞朱熹名往師之熹叩其學
大驚曰此吾老友也不當在弟子列遂與對榻講論諸經
奧義每至夜分四方來學者必俾先從元定質正焉

詩 蔡公問學自家庭處已尋師要道成勤苦西山通正
脉紫陽初見亦應驚 力學精思素性存青年探討見
眞源晦庵叩學難爲友師道何慚一世尊

庚戌仲夏上旬日通政大夫守江原道觀察使兼
兵馬水軍節度使巡察使臣李衡佐奉 敎刊布

二倫行實圖終

二倫行實兄弟図

本面落張

本面落張

以敬其長則風俗其不厚乎人入取其友

以輔其德則善人其不衆乎風俗厚則上

下安善人衆則治道進然則是書自當與

三綱行實並行於世爲

聖朝之基本豈不美歟恭惟我

主上殿下聖智天縱日與賢士大夫討論經史

講劘治道莫不以教化爲致治之先務於

能上體

聖意賦政之初汲汲焉編輯是書刊行州里以

扶植彝倫爲化民之本而躬率勵諸生以

考其德業旁搜孝行貞烈之卓異者聞于
上而旌表之又令慶州安東等五邑刊書籍之
有關於治道者凡十一其曰童蒙須知正
蒙養也曰口訣小學培根本也曰三綱二
倫行實明人倫也曰性理大全崇正學也
曰諺解正俗諺解呂氏鄉約正鄉俗也曰
諺解農書蚕書敦本業也曰諺解瘡疹方
辟瘟方救夭札也此雖未足以盡公之善
而然因此可以見公之學問抱負大有以
異於人也噫世之觀是書者其皆以公之

本面落張

本面落張

宗族

朋友

師生

目錄 3 a

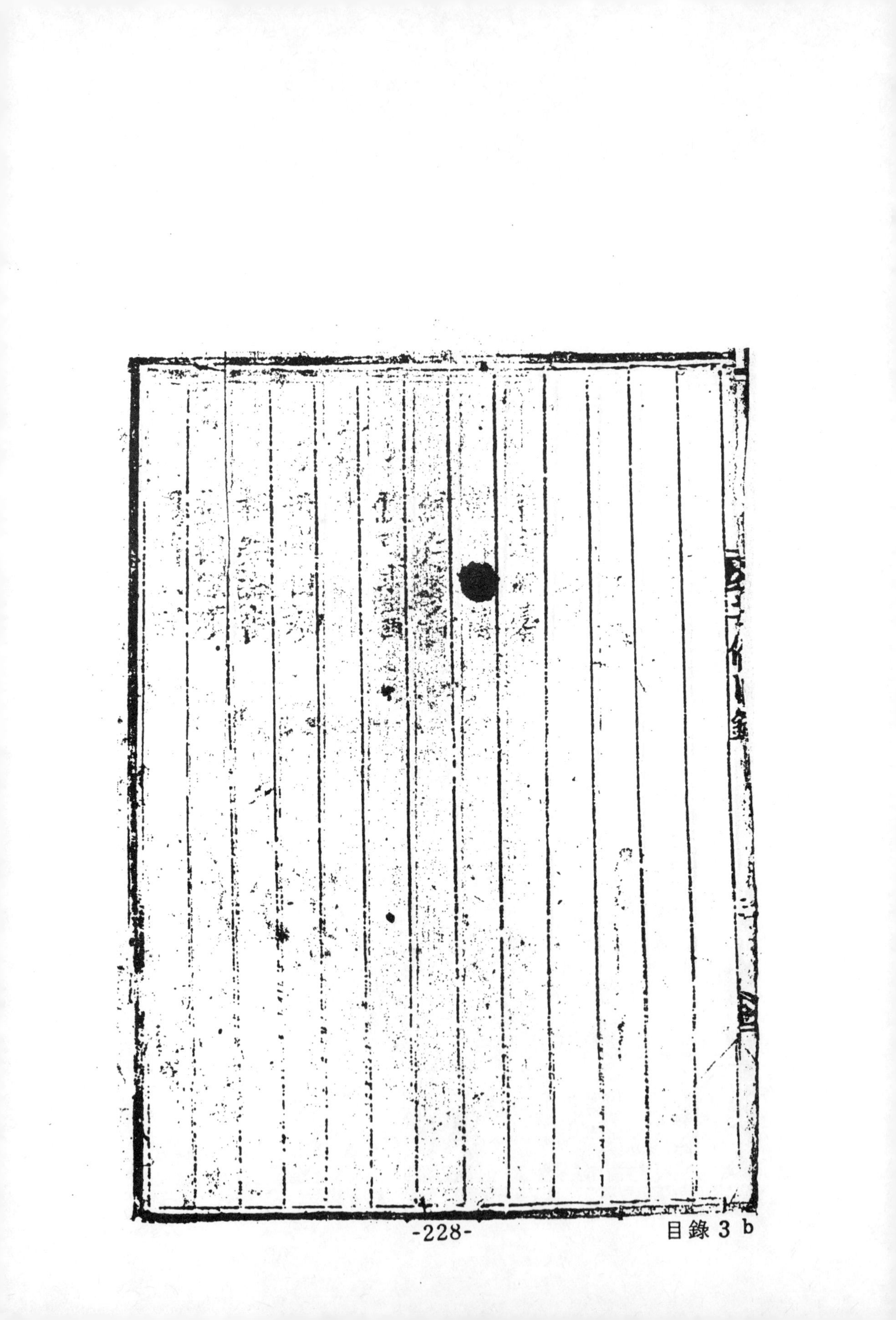

衛나라 공ᄌᆞ 슈ᄂᆞᆫ 셩공이란
님금의 아ᄃᆞ리니 태ᄌᆞ 급비
다ᄅᆞᆫ 어믜게 난 아이오 공ᄌᆞ
삭이와 ᄉᆡ어믜게 난 형이라
그 어미 삭이와 ᄭᅬᄒᆞ야 태ᄌᆞ
ᄅᆞᆯ 주기고 쉬ᄅᆞᆯ 셰오려 ᄒᆞ야
사ᄅᆞᆷ으로 ᄒᆞ야 태ᄌᆞ와 ᄇᆡ타
가다가 므레 드리텨 주기려
ᄒᆞ거ᄂᆞᆯ 쉬 말리디 몯ᄒᆞ야 조
차 ᄒᆞᆫ ᄇᆡ를 타 가니 몯 주기니
라 ᄯᅩ 뎟나라 ᄒᆡ 태ᄌᆞ를 보내
고 도적ᄒᆞ야 길헤 가 태ᄌᆞ의
긔를 가져 ᄯᅩ 보고 주기라 ᄒᆞ
ᄂᆞᆫ 쉬 과지 말라 ᄒᆞ야ᄂᆞᆯ 태저
오 뒤 아비 명을 ᄇᆞ리디 ᄆᆞᆺᄒᆞ
리 아니라 ᄒᆞᆫ대 쉬 ᄯᅩ
ᄉᆞ 어미 말리디 몯
ᄒᆞ야 ᄂᆞᆯ오 ᄆᆞᆫ 앏셔

二倫行實兄弟圖

伋壽同死 周

伋 태ᄌᆞ의
ᄇᆞᆯ아사 잘ᄭᅬ ᄒᆡ고 가거ᄂᆞᆯ
고빗 이레 저라 뎌겨 주기니
라 태ᄌᆞ 미처 가보고 제 모ᄀᆡ
주ᄀᆞᆫ주ᄅᆞᆯ 슬히 울고 주검을
시러 모라와 저도 손조 주그
니라

衛公子壽者宣公之子太子伋之異母弟公子朔之同母兄也其母與朔謀欲殺伋而立壽使人與伋乘舟於河中將沉而殺之壽知不能止因與之同舟舟人不得殺又使伋之齊將使盜見載旌要而殺之壽止伋伋曰棄父之命非子道也不可壽又與之偕行其母不能止乃戒之曰壽無為前也壽又竊伋旌以先行盜見而殺之伋至痛壽代已之死涕泣悲哀載其屍還至境而自殺

詩 泛泛河舟同濟日 迢迢齊路竊旌時 自逢嚚傲鴒原急 一去那堪見兩屍 人倫遺變力難禁 爭死悲懷兩不任 為寫新編垂萬代 凜然天下弟兄心

卜式分畜 漢

복식이노하남사ᄅᆞᆷ이라ᄐᆡ
ᄅᆞᆷ지이와즘ᄉᆡᆼ치기ᄒᆞ더니
져믄아이이ᄉᆡᆺ대가그아이ᄌᆞ
라거ᄂᆞᆯ집터뎐지ᄅᆞᆯ믈다ᄉᆞ
ᄋᆞ주고다모양일뵉나ᄆᆞ니
ᄅᆞᆯ복식기가지고뫼해드러
가여ᄅᆞᆫ믈히믈양을치니원
쳔이나마되어ᄂᆞᆯ집터ᄃᆡᄅᆞᆯ
사니그아ᄋᆞ에ᄀᆞᆫᄂᆞᆯ나실
ᄅᆞᆯᄒᆞ고잇대ᄂᆞᆯ다시노ᄂᆞ화주
니라

卜式河南人以田畜爲事有少弟弟壯式脫身出獨取羊百餘口田宅財物盡與弟式入山牧十餘年致千餘頭買田宅而弟盡破其產式輒復分與之

[詩]世業遺財付友于脫身甘伴牧猪奴買宅何心吾獨富千頭分向弟家輸　錐刀爭刹世紛紛誰念天親一體分他日佐時輸粟盡此心孝悌便移君

왕림이나히여라모인지긔
어버이다죽고마초아시절
리어즈러위뵉셩이다흐터
도망ᄒᆞ고다모왕림의형뎨
옷분묘티희여셔우루믈그
치더아녀더니아이난자ᄡᅡ
파져미란도즉을맛나자피
여든왕림이졔맛여동ᄉᆡᆼ의
비로뎌내몬져죽거지
한대도즉기여엿비너겨
하보내니라

王琳字巨尉年十餘歲喪父母因遭大亂百姓奔迸惟琳
兄弟獨守冢廬號泣不絕弟季出遇赤眉爲賊所捕琳自
縛詣賊請先季死賊矜而放遣之

詩 四方多難亂紛如兄弟攀號獨守廬爲季投身先乞
死豺狼安得不矜且 弟兄相愛即天彝急難誰知有
此兒要識至誠無不感請看免醜遣歸時

허무를회계원이쳔거ᄒᆞ야
벼슬ᄒᆞ이니허위제두아이
벼슬몯ᄒᆞ야이시니아ᄋᆞᆯ일
홈내오쟈ᄒᆞ야날오ᄃᆡ세ᄀᆞ
ᄂᆞᆫ화집나살거지라ᄒᆞ고셰
ᄀᆞ뎌세기세ᄂᆞᆫ화됴ᄒᆞᆫ집과
됴ᄒᆞᆫ밧과됴ᄒᆞᆫ죵올허뮈찌
하가지고두아ᄋᆞ란사오나
온거슬주니효고올사ᄅᆞ미
다허무를탐심타ᄒᆞ고두아
ᄋᆞᄉᆞ양ᄒᆞ며어지다ᄒᆞ더니
흘로ᄒᆞ야두아이이다쳔거ᄒᆞ
이니라그후에허위아ᄋᆞ들
ᄒᆞ도고올여블오뎌니사오
내오뒤벼슬ᄒᆞ고두아이나
허ᄌᆞ라모록벼슬몰ᄒᆞᆯ서네
ᄂᆞᆫ화ᄂᆞ미긔롱을듬터
[illegible]괘ᄀᆞ블운

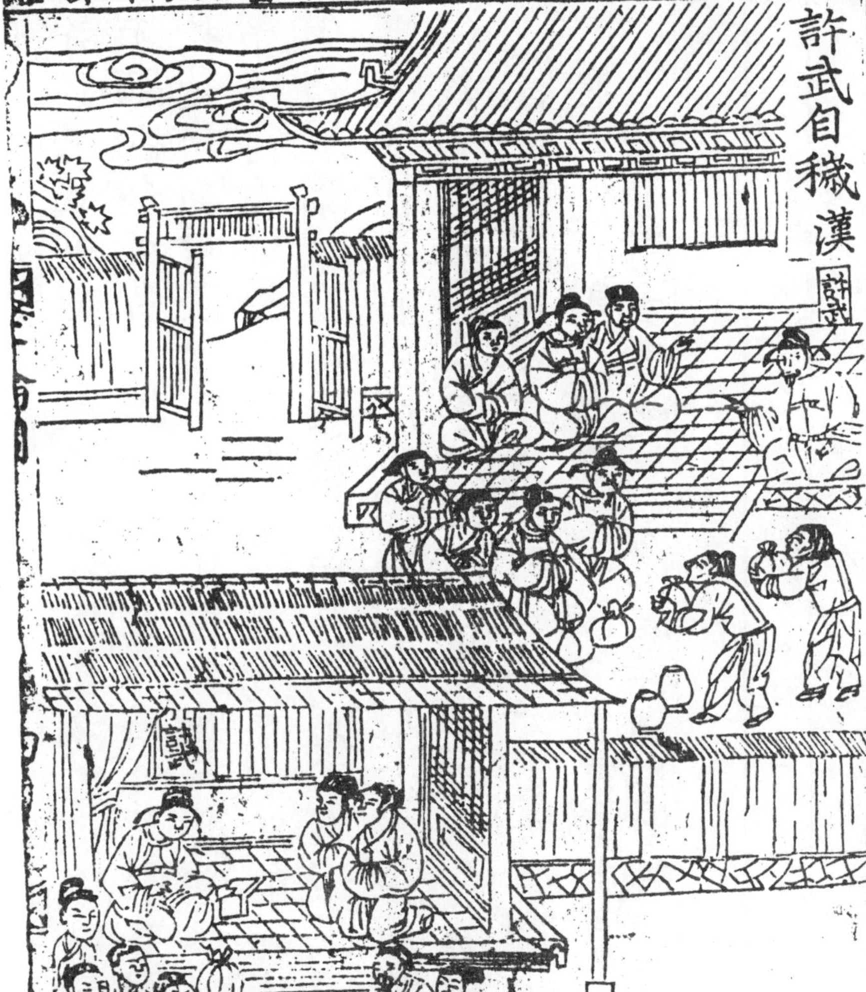

시녀로셔세ᄇᆞ리나티으
라ᄒᆞ고다두아ᄋᆞᄅᆞᆯ주고
ᄒᆞᆫ것도두지아니ᄒᆞᆫ대모다
일콛더라

許武建武中會稽太守第五倫擧爲孝廉武以二弟晏普未顯欲令成名乃謂之曰禮有分異之義家有別居之道於是共割財産以爲三分武自取肥田廣宅奴婢强者二弟所得並皆劣少鄕人皆鄙武貪而稱弟能讓由是晏等俱得選擧武乃會宗族泣曰吾爲兄不肖盜竊聲位二弟年長未霑榮祿所以求得分財自取大譏今理産所增三倍於前悉推與二弟一無所留於是郡中翕然稱之

詩 廉孝從前擧豈誣臨財甘作一貪夫心期二弟名成後三倍貲財盡付渠
弟顯自從兄穢日兄貪還釋弟榮時尋常友愛還誇俗隱德無嫌世所譏

뎡균의노 임셩사ᄅᆞᆷ이라형
이고올원이되야셔ᄂᆞ미쥰
거슬즐겨밧더니아이조
간ᄒᆞ야말라ᄒᆞ야조른더아
니커ᄂᆞᆯ뎡균이나가셔ᄂᆞ미
일ᄒᆞ고삭바다ᄒᆞᆫ히나모니
만히어더ᄃᆡ가형을주고ᄂᆞᆯ
오ᄯᅴ이옷다새ᄂᆞᆫᄯᅩ더ᄂᆞᆯ
거시어니와원뇌얏다가장
니죄ᄅᆞᆯ니부면죽도록몸ᄡᅳ
리라ᄒᆞᆫ대형이그말을감동
ᄒᆞ야쳥렴ᄒᆞᆫ관원이되니라

鄭均任城人兄為縣吏頗受禮遺均數諫止不聽即脫身為傭歲餘得錢帛歸以與兄曰物盡可復得為吏坐贓終身捐棄兄感其言遂為廉潔

詩 取物傷廉恐累身愛兄誠意出天真已知切諫終無入甘自為傭受苦辛　傭得錢歸遺我兄包苴代此足營生坐贓一語開心病貪汚終能變潔清

됴회시졀이어즈러윤젹을
맛나사ᄅᆞ미서로자바먹더
니아이도적의게잡펴ᄉᆞᆯ모
려거ᄂᆞᆯ됴회듣고제미여도
적의게가닐오ᄃᆡ내아이오
래병ᄒᆞ야여위니살만ᄉᆞᆯ지
[illegible]ᄒᆞ니라ᄒᆞᆫᄃᆡ도적이놀
[illegible]ᄒᆞ보내며닐오ᄃᆡ가
[illegible]시어ᄃᆡ오라ᄒᆞᆫᄃᆡ
[illegible]벌엿ᄂᆞ까못ᄒᆞ야다시
[illegible]와게가거ᄂᆞᆯ끄ᅀᅥ솖겨
지힐ᄒᆞ며모다그이히녀겨
추가지아녀ᄒᆞ니라
[illegible]드루시끄블녀벼ᄉᆞᆯ
이시니라

趙孝遭天下亂人相食孝弟禮為賊所得將烹之孝聞即自縛詣賊曰禮久卧羸疾不如孝肥飽賊大驚並釋之且謂曰可歸更持米糒來孝求不得復往報賊願就烹衆異之遂不害明帝聞其行召拜諫議大夫

詩 遭時不幸暗傷神人化為豺又食人自縛肥身甘代弟野心猶感有天倫　野清何處更求糒垂槖歸來願就烹異行能回羣盜腹高名宜徹九天明

목용이져머셔아비일코형
뎨네히ᄒᆞᆫ셰간니사티니각
각뎌집어든후에모도뎌집
들히노화다가사져ᄒᆞ고조
조사ᄒᆞ홍노람리잇거ᄂᆞᆯ목
용이마장애ᄃᆞ라ᄒᆞ야문답
고제지물메며날오뒤목용
아비몸덧가셩인의일비ᄒᆞ
모장츳풍쇽을고티려ᄒᆞ뒤
엿더그집도졍계몯ᄒᆞ다
ᄒᆞᆫ대아ᄋᆞ올히며모도뎌집
블히못고머리조아샤죄ᄒᆞ
야다시화동히되니라

繆彤少孤兄弟四人皆同財業及各娶妻諸婦遂求分異又數有鬪爭之言彤深懷忿歎乃掩戶自撾曰繆彤汝脩身謹行學聖人之法將以齊整風俗奈何不能正其家乎弟及諸婦聞之悉叩頭謝罪遂更為敦睦之行

詩 早孤諸季與同居娶婦求分罪在予掩戶自撾能感彼一家敦睦得如初

同氣相分自責深能令諸婦便回心是知友愛由天性蹀血相殘獸與禽

니츙이지비가난ᄒᆞ야형뎨
여스시옷밥블서르니부며
먹더니겨집비마만니츙
이ᄃᆞ려닐오ᄃᆡ가난히사로
미이러ᄐᆞᆺᄒᆞ니편안티몯ᄒᆞ
니ᄯᅩᆺ티사라야ᄒᆞ리료다ᄒᆞᆫ
대니츙이거ᄌᆞᆺ되답호ᄃᆡ술
비즈라ᄆᆞ옴파아옴돌로도
표호리라ᄒᆞ고못거ᄅᆞᆫ니츙
이모다안좀알퓌ᅀᅮ려어믜
ᄭᅴᄉᆞᆯ오ᄃᆡ이겨집비사오나
와나믈ᄀᆞᆯ취어미와형뎨
ᄉᆞ이믈셰ᄃᆞ게ᄒᆞ니그죄ᄂᆞᆫ
내[illegible]ᄭᅥ시어다ᄒᆞ고구죵ᄒᆞ
야무니나가라ᄒᆞᆫ대겨집비
ᄂᆞᆯ을마기ᄭᅩ나가니라

李充家貧兄弟六人同衣遞食妻竊謂充曰今貧居如此難以久安願思分異充僞酬之曰當醞酒具會請呼鄕里內外充坐中前跪白母曰此婦無狀而敎充離間母子兄弟罪合遣斥便呵叱其婦遂令出門婦銜涕而去

詩 悍妻當日欲家貧不念鴒原骨肉親會合鄕閭揮婦去割情全愛篤天倫　同衣遞食意慇勤長枕當年不擬分何物婦人饒間舌一心愈更切篪塤

강굉이ᄂᆞᆫ셰가녯사ᄅᆞᆷ미라
두아ᄋᆞ둥희와계강과다효
도ᄒᆞ며어딘소릐나더니형
톄ᄉᆞ랑ᄒᆞ야샹톄ᄒᆞᆫ니블레
자더라각각겨집ᄒᆞ야도셔
르ᄉᆞ랑ᄒᆞ야ᄃᆞᆺ티가지디아
니ᄒᆞ야ᄌᆞ식나홀거실셔셔
르마라방의가더니강굉이
계강과ᄃᆞ르헤나갓ᄯᅥ가도
적을만나주기려ᄒᆞ거ᄂᆞᆯ형
뎨서로내죽거지라ᄃᆞ토아
강굉오ᄂᆞᆯ오뎌아이졈고어
버ᄋᆡᄉᆞ랑ᄒᆞ고ᄯᅩ댱가ᄅᆞᆯ못
드러시니내죽고아올살아
지라ᄒᆞ니계강오ᄂᆞᆯ오뒤형
이니도만코뎍도만ᄒᆞ야나
[illegible]히호[illegible]사ᄅᆞ미니형의

가칼ᄒᆞᆯ과슈ᄒᆞ고ᄂᆞᆯ오뒤두
분이어진사ᄅᆞ미어늘우리
사오나와과대로ᄀᆞᆯ외놋ᄯᅥ
ᄒᆞ고다ᄇᆞ리고가니라

姜肱家世名族與二弟仲海季江俱以孝行著聞友愛天至嘗同被卧及各取妻兄弟相戀不能別寢以係嗣當立乃遞往就室嘗與季江適野遇盜欲殺之兄弟爭死肱曰弟年幼父母所憐愍又未聘娶願自殺身濟弟季江言兄年德在前家之珍寶國之英俊乞自受戮以代兄命盜戢刃曰二君賢人吾等不良妄相侵犯乃兩釋之

詩 二弟同居共一衾天倫情至友于深蒼皇遇難爭捐死兩釋終能感賊心　弟恭兄友若[illegible][illegible][illegible]須臾不忍雖更有至情難掩處共看爭死冒危時

왕람이어미다ᄅᆞᆫ형왕샹이
와ᄆᆞ쟝ᄉᆞ랑ᄒᆞ더니왕람의
어미쥬시왕샹이ᄅᆞᆯ보채야
티거든왕람이듀어블며근
제보고믄득울고가븟안티
니열운되야미양어미ᄅᆞᆯ말
니니그어미쳐기모디로미
굿티너라그어미조조ᄆᆞᆺᄒᆞᆯ
일로왕샹이ᄅᆞᆯ브리거든왕
람이조차가ᄒᆞ며ᄯᅩᄆᆞᆺᄒᆞᆯ일
로왕샹의겨집블브리거든
왕람의겨집도조차가ᄒᆞ니
그어미어려이너겨셔아니
ᄒᆞ더라ᄯᅩ그어미마나ᄂᆞᆫ술
의플어왕샹아ᄅᆞᆯ머기려
ᄒᆞ거ᄂᆞᆯ왕람이알고ᄃᆞ라가그
술을아오대왕샹이의플줄
알고주디아니ᄒᆞ거ᄂᆞᆯ

[illegible]어마제가아사업쳐브리니라그후에어미왕샹이를음식주어든왕람이의식몬져맛뵈더니어미제아돌주글가ᄒᆞ야아니ᄒᆞ니라

王覽字玄通與兄祥友愛甚篤母朱氏遇祥無道覽年數歲見祥被楚撻輒涕泣抱持至於成童每諫其母其母少止凶虐朱屢以非理使祥覽輒與祥俱又虐使祥妻覽妻亦趍而共之朱患之乃止朱密使酖祥覽知之徑趍取酒祥疑其有毒爭而不與朱遽奪覆之自後朱賜祥饌覽輒先嘗朱懼覽致斃遂止

詩 嚚母時時虐視兄 看兄被撻痛兒情 身同室婦代兄嫂 共眠勤勞庶感誠

酖非好酒何宜飲 [illegible]爭持母取翻 從此母飧兒輒試 周旋母子竟全恩

유곤의집븨시긧병이드러
두형이다죽고버근형이ᄯᅩ
죽게되야병이보야호로ᄧᅥ
더여어버이며아ᄋᆞ들히다
외셥나기놀유곤이ᄒᆞᆫ자이
셔나가디아니커ᄂᆞᆯ어버이
며칭돌히구틔여나라ᄒᆞᆫ뒤
유곤이닐오ᄃᆡ내셩브터병
을저티아니ᄒᆞ노이다ᄒᆞ고
친히잡드러나지며바미며
ᄌᆞ지아니ᄒᆞ고곽을모ᄭᅧ보
[illegible]르믈그처디아니터니
여돌미내병셔도그츠며
빗사ᄅᆞᆷ도드러오며병ᄒᆞᆫ
도다ᄯᅩ하유곤이동싈업
나니모다닐오ᄃᆡ긔특ᄒᆞᆫ
셔히셔ᄅᆞ기여[illegible]히몯ᄒᆞᆯ이
[illegible]

[illegible]ᄇᆡ건디몸알ᄅᆡ라ᄒᆞ니
이제야모ᄅᆞᆫ병도ᄃᆞᆫ염티몯
ᄒᆞᆯ줄을알와라ᄒᆞ더라

庚袞咸寧中大疫二兄俱亡次兄毗復危殆癘氣方熾父母諸弟皆出次于外袞獨留不去諸父兄强之乃曰袞性不畏病遂親自扶持晝夜不眠其間復撫柩哀臨不輟如此十有餘旬疫勢旣歇家人乃反毗病得差袞亦無恙父老咸曰異哉此子守人所不能守行人所不能行歲寒然後知松栢之後凋始知疫癘之不能相染也

詩 當患須看友愛眞撫亡扶病極勤辛十旬晝夜終無恙癘疫從知不染人

兩兄俱沒次兄危[illegible]衆人人謹避之能守衆人難守處待看松栢歲寒時

왕밀이졔아ᄋᆞ와아ᄃᆞᆯ파ᄃᆞ
리고길가다가냥식이업서
아ᄋᆞ와아ᄃᆞᆯ을란두고져ᄂᆞᆷ
올희냥식빌라갓ᄯᅡ가와보
니아이도적의게후리여ᄭᅡ
고아ᄃᆞᆯ론도망ᄒᆞ야수머[illegible]
가거ᄂᆞᆯ왕밀이그아ᄃᆞᆯ어티
티블고도적의게가머리조
아비려블오뒤인평이다ᄌᆞ
식을ᄉᆞ랑ᄒᆞ마ᄂᆞᆫ오직이아
요나지아니ᄒᆞ야셔아비죽
거ᄂᆞᆯ내길러내야이만도야
인ᄂᆞ니청컨대ᄂᆞᆫ이아ᄃᆞᆯ로
[illegible]올밧ᄭᅩ아지라ᄒᆞᆫ대도적
들히서ᄅᆞ날오뒤아ᄃᆞᆯ로아
올밧ᄭᅩ니마장이지도다ᄒᆞᆫ
[illegible]다주어보내니라왕밀이
[illegible]아이믈머곰도

머고 몯 닷쇄ᄒᆞ고 심상
ᄋᆞᆫ 여ᄉᆞᆺᄒᆡ 니브니라

王密嘗與弟儁子元直西如涼州路中糧匱密留儁元直
西於途乞丐民間比還儁爲賊所掠元直迯逸密乃將元
直追賊叩頭求哀曰人情自當皆愛其子但此弟未生家
君見背孤遺相長以至于今請以元直易儁賊相謂曰以
子易弟義之大也於是以儁元直授密而去密後亡儁勺
水不入口者五日雖服喪期年而心喪六載

(詩) 道出涼州乞丐歸旋聞阿弟賊中圍將兒換弟眞情
切盜賊無知亦辭悲　亡親遺腹只斯人相愛相憐若
一身苟保吾兒棄吾弟九泉何以謁吾親

채확이형을셤교뒤아비ᄀᆞ
티ᄒᆞ야집안해크며쟈근이
롤다무려ᄒᆞ디니제록토거
술다형의게드려두고술뒤
잇거든맛틴사ᄅᆞ믜게쳥ᄒᆞ
야쓰티라님금뫼셔나갓거
눌겨집비유무ᄒᆞ야티를옷
ᄒᆞ야지라ᄒᆞᆫ대뒤답ᄒᆞ야유
무호뒤여름으술ᄒᆞ거니와
혜아린줄시ᄅᆞ미제줄거시
이내게가뷜리니롤뒤말라
ᄒᆞ니라

蔡廓諮事 宋南

孫鄘奉兄軌如父家事大小皆諮而後行公祿賞賜一皆入軌有所資須悉就典者請焉從高祖在彭城妻柳氏書求夏服鄘答曰知須夏服計給事自應相供無容別寄

[詩]奉兄如父敬無違家有尊嚴孰敢私祿賜盡應歸一室事無專制必先諮　扈從汜王吝未回妻求夏服寄書求計給只言存典者稍無私意汚靈臺

손국이엄이섬기몯지극키
효도ᄒᆞ더니엄이주글제져
몬아ᄃᆞᆯ올손국의게두려시
라ᄒᆞ고ᄆᆞ장ᄉᆞ랑ᄒᆞ야ᄒᆞ더
니그제사ᄅᆞᆷ뼈ᄀᆞᆫ을내더니
그아이손국의목긔가다가
곳뫼ᄎᆔ가니죽을죄이ᄂᆞᆯ손
국이와제아ᄋᆞ와ᄉᆡ르내주
그려두토더니손국의겨집
어시도뮐니이셔국의게ᄎᆞᆨ
ᄒᆞ야날녀보내요뒤그뒤집
가져서엇더져믈아이게죄
믈일료ᄯᅩ엄이죽을제그뎻
게잣뎌ᄎᆔ든겨집이며ᄌᆞ식
도업선ᄂᆞ니그뒤ᄂᆞᆫ드ᄌᆞ식
잇써니주근돌무서놋옷
부료ᄒᆞ터라그꿍을뫈이ᄂᆞ

ᄒ시고그집문의방브티니라

孫棘事母至孝臨亡以小兒薩屬棘特深有愛時發民爲軍薩代棘行及後軍期應死棘薩爭死妻許氏又遣謂棘曰君當門戶豈可委罪小郎且大家臨終以小郎屬君竟未有妻息君以二兒死復何憾太守張岱表聞詔原之仍榜其門

詩 兄弟爭死豈要名乃婦猶知棘死輕帝感三人倫誼篤宥全門戶又褒旌 兄念慈親鞠子哀弟思天顯克恭戕當前斧鉞爭趨赴豈料金鷄放赦田

양쩌아ᄋᆞ양츈이와양진이
와셔르텁프미어버이ᄌᆞ식
ᄉᆞ이ᄀᆞᆺ티니형뎨아ᄎᆞᆷ이어
든대뎡의모다ᄌᆡ무도록ᄒᆞᆫ
뒤ᄎᆔ안해드러가디아니ᄒᆞ
며ᄒᆞᆫ됴ᄒᆞᆫ음식이잇거든몯
지아니면먹디아니터라대
뎡ᄉᆞ이예좀뎡디위ᄆᆞ리와
두고잇다감가ᄉᆔ고도로와
말ᄒᆞ더라양츈이나히늘거
셔다ᄅᆞᆫ더가ᄉᆞᆯ림ᄒᆞ야오거
늘양진이브드러지비드리
고방알ᄑᆡ셔수ᄒᆞ좀자며안
부를ᄀᆞᆺ티라츈파진파나히
여ᄉᆔᆫ나마다ᄌᆞ상이되여ᄉᆔ
뒤양진이오히려아ᄎᆞᆷ나조
문안ᄒᆞ기든ᄌᆞ식이며아ᄎᆞᆫ
아ᄃᆞᆯ들히다아래로[illegible]

잇더니양츈이안ᄌᆞ라아니
ᄒᆞ면양진이안ᄶᅵ아니터라
양츈이나가셔져무도록사
니오거든양진이밥을몬져
먹지아니ᄒᆞ야양츈이온후
에야홈ᄭᅴ먹더라밥먹을ᄭᅴ
양진이친히수져를드리며
몬져맛보고양츈이머그라
ᄒᆞᆫ후에야먹더라ᄒᆞᆫ집안해
남진계집비원ᄇᆡᆨ귀나ᄒᆞ야
먼권당ᄯᅳᆯ히다ᄒᆞᆫ바배먹고
사로되ᄉᆞ이예잡말리업더
라

揚播與弟椿津並敦義讓昆季相事有如父子兄弟旦則聚於廳堂終日相對未曾入內有一美味不集不食廳堂間往往幃幔隔障為寢息之所時就休偃還共談笑椿年老曾他處醉歸津扶持還室仍假寢閤前承候安否椿津年過六十並登台鼎而津尚旦暮參問子姪羅列階下椿不命坐津不敢坐椿每近出或日斜不至津不先飯椿還然後共食食則津親授匙箸味皆先嘗椿命食然後食一家之內男女百口緦服同爨庭無間言

詩 揚家義讓篤天倫昆季嚴如父子親一味共分相對笑藹然和氣滿堂春

六秩聯登位鼎司平生義敬老何衰朝朝參問情無倦扶醉兄歸弟授匙

오달지의ᄉᆞ촌아ᄋᆞ경뵈의
부쳐가난ᄒᆞᆫ회예후리여먼
뒤ᄭᅩᆯ려가기ᄂᆞᆯ오달지ᄲᅵ밧ᄎᆞ
돌오라ᄃᆞ리고사내야나가
제ᄒᆞᆫ집ᄒᆞᆫ세간의사더라고
을희셔쥬부벼ᄉᆞᆯ를ᄒᆞ얏ᄃᆞᆫ
구틔여현의게ᄒᆞ라ᄉᆞ양ᄒᆞ
고ᄯᅩ조샹읫바ᄐᆞᆯ마다ᄉᆞ양
ᄒᆞ야뉵촌아ᄋᆞᆯ주니ᄯᅩᄒᆞ
도밧디아니ᄒᆞ야그밧ᄐᆡ무
ᄉᆞ니라

達之贖房 北齊

吳達之以從祖弟敬伯夫妻荒年被略賣江北達之有田
十畝貨以贖之同財共宅郡命爲主簿固以讓兄讓世業
田與族弟弟亦不受田遂閑廢

詩 那堪骨肉沒輿臺破產還收與共財職讓於兄田讓
弟天倫外物視塵埃　賣業慇勤贖弟還同財共宅任
飢寒世間無限爭田者聞却髙風定汗顏

노죄계모댱시ᄅᆞᆯ셤교ᄃᆡᄆᆞ
장효도ᄒᆞ더니댱시세아ᄃᆞᆯ
나하두고ᄉᆞ랑ᄒᆞ야노조ᄅᆞᆯ
샹시에밥지으라ᄒᆞ야세아
ᄃᆞ위ᄒᆞ야옷ᄆᆡᆼᄀᆞ라ᄒᆞ야든
노죄브즈러니ᄒᆞ야게을이
아니터니댱시제아ᄃᆞᆯᄅᆞᆯ
그라보낼제나귀ᄐᆡ와노조
ᄅᆞᆯ잇ᄭᅳᆯ고채자바ᄯᆞᆯ오디ᄒᆞ
라ᄒᆞ티라세아이술ᄆᆞᆯ붜믜
고놈과ᄡᅡ화그사ᄅᆞᆷ미지븨
와아미조차ᄯᅡ죵ᄒᆞ거ᄂᆞᆯ노
죄울고죄ᄒᆞ야말고라ᄒᆞᆫ대
사ᄅᆞᆷ돌하서로닐오ᄃᆡ니
기리아나ᄒᆞ티니이세도죄
노미려어친형을룰샤우
피엄운뉘게무례호미올틔
라니토다ᄒᆞ고서르노조의

게졀ᄒᆞ고가니라어미죽거
ᄂᆞᆯ세아올어기며ᄆᆞᄅᆞ취ᄉᆞ
랑ᄒᆞ몯ᄒᆞ가지로ᄒᆞ티라

盧操事繼母張氏至孝張生三子溺愛之命操常執勤主
炊爲三弟設席操服勤不倦張遣其子讀書命操策驢隨
之操卽執鞭引繩如童僕三弟嗜酒縱佚抵忤於人致人
踵門詬及其母操卽涕泣拜而辭之惡少相謂曰不意三
賊有此令兄其干犯長者不義也相與拜操而去毋亡訓
養三弟恩愛不衰

詩 服勤爲弟事炊烹爲是阿孃愛所鍾又爲投師親執
策一心願弟免凡庸　如何三弟性難移每忤於人縱
酒時詬辱及親仍拜乞能令惡少釋然歸

니광진이어버이셤기믈ᄀᆞ장지셩으로ᄒᆞ미잇더니엄이죽거늘거상ᄒᆞ야삼년을자리예아니드티라아ᄋᆞ광안이몬져ᄂᆞ집ᄒᆞ야늘엄이집읫이룰다맛티니광진이엄이주근후에야ᄂᆞ집어티늘광안ᄂᆞᆫ겨집이셰간브티예글월와칠냥텬호방좃룰쇠열쇠룰더형의겨집의게보내대광진이도로보내고늘오뒤아ᄌᆞ미미치스어마님셤기고ᄯᅩ어마님이집의이룰맛ᄯᅡᄒᆞ라ᄒᆞ시니고티디몯ᄒᆞ리라ᄒᆞ고서르잡고우러시니엄양을ᄒᆞ니라

李光進事親有至性母歿居喪三年不歸寢弟光顏先娶而母委以家事及光進娶母已亡弟婦籍滋畜納管鑰於姒光進命返之曰婦逮事姑且嘗命掌家事不可改因相持泣乃如初

詩 當年新婦拜姑前主饋辛勤久且專今日母亡那忍改泣還家籍故依然　萬古天倫終不泯乖離只在利錙銖欲知兄弟相安處傾看斯門反籍圖

두연이몬졋어믜게두아ᄃᆞ
리이쇼ᄃᆡ어디디아니더니
제어미노하양의잇논젼시
를어더가묘찰미로죽고두
연이나히셜다여신제두형
이사오나이지졉ᄒᆞ야갈로
머리롤티니피두어되나ᄒᆞ
르거ᄂᆞᆯ아비누의숨겨게오
사라나니마하양의어믜게
가니다숨아비브티다아니
ᄒᆞ야ᄂᆞᆫ다로지와하가ᄂᆞᆫᄒᆞ
야ᄀᆞᆯ서주고갑바다먹고사
머타ᄎᆞ시벼ᄉᆞᆯᄒᆞᆸ피되야그
곳형이고치사탓ᄃᆡ니더졉
ᄒᆞ흘ᄆᆞ장위곡이ᄒᆞ때다
의ᄒᆞ더다ᄲᅮ칭아며아비누
의벼다숨아븨ᄌᆞ손ᄂᆞᆯ리듀
뎐의옴ᄯᅧ니버벼ᄉᆞᆯᄒᆞ니며

杜衍待兄 宋

되히여라 그 남ᄋᆞᆫ니ᄅᆞ다위
ᄒᆞ야 남진겨지븐 일ᄒᆡ이니라

杜行前毋有二子不孝惸其毋改適河陽錢氏祖毋卒行年十五六二兄遇之無狀至引劒斫之傷腦出血數升其姑匿之僅而得免乃詣河陽歸其毋繼父不容来孟洺間貧傭書以自資及貴其長兄猶存待遇甚有恩禮二兄及錢氏姑子孫受行蔭補官者數人仍皆為之婚嫁

(詩)兄心無狀毋歸人引劒殘傷骨肉親出血數升無疾惡蒸蒸終化兩頑嚚　天心福善理昭明豈為傭書致顯榮不獨子孫多受蔭一門婚嫁亦能成

당존이뵈셩이효도롭고동
싱ᄉᆞ랑ᄒᆞ더니일즉ᄎᆡᆨ이란
고올원ᄒᆞ야갓ᄯᅡ가깁이며
금외팔어더와다지뵈ᄯᅡ가
쳐노히두고형데제ᄌᆞ옴ᄆᆞ
로골히ᄉᆞ가져가라ᄒᆞ더니
일즉날오뒤형데ᄯᅩ손과발
큰고안해와칙ᄒᆞᄂᆞ미집사
ᄅᆞᆷ이너엇더ᄂᆞ미집사ᄅᆞᆷ을
몬져ᄒᆞ고손발믈후에ᄒᆞ료
ᄒᆞ더리이옴믈어엿삐너겨
남진겨집얼여ᄒᆞ나로그릇
뢰게아뱅ᄒᆞ더라

張存性孝友嘗爲蜀郡得綺繒文錦以歸悉布之堂上恣兄弟擇取嘗曰兄弟手足也妻妾外舍人耳奈何先外人而後手足乎收卹宗屬嫁娶窮嫠不使一夫失所

詩 稟性於天篤友于從來不復念妻孥相懷只見連枝重堂上文繒盡向輸　手足何如外舍人肯先家室後天倫收卹孤嫠婚嫁畢誰能似子篤親親

됴연쇼의형뎨ᄒᆞᄃᆡ셰관사
로미열두히러니형연옹이
겨집ᄒᆞ기ᄒᆞ며풍뉴쟝긔바
독ᄃᆞᆯ즐겨셰관ᄃᆞᆯ거의배
야가거ᄂᆞᆯ연쇠말라관호되
듣지아니커ᄂᆞᆯ셰관ᄋᆞᆯ구ᄒᆞ
야노화나니다숫힛만이형
의셰간이다배야ᄃᆞ환자댱
너며은거시ᄆᆞ장만ᄒᆞ라언
쇠아ᄎᆞᆷ시날의형과아ᄌᆞ미
ᄅᆞᆯ쳥ᄒᆞ야술먹이며보오귀
이뒤세간노ᄒᆞ려ᄒᆞᆫ뎍ᄃᆡ엽
더니쳥이ᄡᅡ기ᄅᆞᆯ너무ᄒᆞ야
셰간이다ᄒᆡ야면모마ᄌᆞᆯ
가더겨ᄒᆞᆫ거시니이제형뎨
셰관이반만외유니족ᄒᆞ시
절례ᄡᅳ니형이더시집의와
[illegible]ᄒᆞ관을자보라ᄒᆞ고아뫼ᄂᆞᆫ

彥霄析籍 唐

ᄒᆞᆫ글월ᄅᆞᆯ블레ᄃᆡᄅᆞ집읫거
슬과맛뎌니라또본오뒤빗
번것도내뎨뉵호쳘ᄅᆞᆼ으로
가프려ᄒᆞ노라효대형이처
엄의븟그려마다ᄒᆞ다가마
지못ᄒᆞ야조ᄎᆞ니라버근히
예됴언ᄶᅴ급뎨ᄒᆞ니ᄆᆞ올사
ᄅᆞᆷ이크게공경ᄒᆞ고항복ᄒᆞ
더라

趙彥霄兄弟二人同爨十二年兄彥雲惟聲色博奕是娛生業壞已逾半彥霄諫不入遂求析籍及五年而兄之生計蕩然矣公私逋負尚千餘緡彥霄因除夕置酒邀兄嫂而告之曰向者初無分爨意以兄用度不節恐皆蕩盡俱有饑寒之憂今幸留一半亦足以給伏臘兄自今復歸中堂以主家務即取分書付之火管鑰之屬悉以付焉因言所以逋負以己儲錢償之兄初有慚色不從不得已而受之次年彥霄一舉登第鄉人大敬服之

詩 同爨曾經一紀餘可憐家業漸蕭踈無端析籍兄應恠丹懶他年見火書　兄蕩家資弟析居五年贏得有遺儲慇懃更酌元宵酒從此阿兄復竝廬

텽퇴귀아ᄋᆞ덕쟝이와ᄉᆞ랑
ᄒᆞ야나지면효상의니어산
ᄯᅩ바미면ᄒᆞᆫ니브러자더니
덕쟝이본뒤강덕ᄒᆞ야ᄂᆞ미
게ᄒᆞᆯ려주글죄로가티게ᄒᆞ
얏거ᄂᆞᆯ덕귀아이거즛죄니
브ᄅᆞᆫ서엿ᄭᅴ녀겨소겨블오
뒤톄나몰해쿄쟈ᄒᆞ니ᄡᅥ가
면발명ᄒᆞ려니와녜가면주
그리라ᄒᆞ고즉제티강ᄒᆞ야니
거ᄂᆞᆯ뎌쟝이ᄯᆞᆯ와길헤가형
톄서로잡고주그리가몯ᄒᆞ
토뎌니덕귀마니소겨못
가ᄢᅦᄒᆞ고밤ᄯᅮᆼ만즈름길로
수머니거ᄂᆞᆯ덕쟝이ᄯᅩᄯᆞᆯ와
가니덕귀볼셔오개드러주
것더니덕쟝이듯고ᄆᆞ잔셜
워유녀비번긔결ᄒᆞ얏ᄯᅥ미

셔야새로지어다가묻고두
ᄒᆡᄅᆞᆯ슈묘ᄒᆞ니미양울어든
가막가치ᄯᆞᆫ히ᄂᆞ라와가디
아니ᄒᆞ더라

鄭德珪弟德璋孝友天至晝則聯几案夜則同衾被德璋
素剛直一日為仇家陷於死罪當會逮揚州德珪念弟
見誣乃陽謂曰彼欲害吾也何預爾事我往則姦狀自明
去得不死乎即治行德璋追至道中兄弟相持頓足爭欲
就死德珪默計沮其行夜將半從間道逸去德璋復追至
廣陵德珪已死於獄德璋聞之慟絶者四負骨歸葬廬墓
再朞每一悲號烏鵲皆翔集不去

詩 同衾聯几每相須不意剛剛陷罪誣視死如歸爭就
獄卒留道上泣相扶　夜半潛歸死獄中廣陵追至慟
何窮再朞廬墓泉號處烏鵲飛翔慰悲衷

파도경의네뒷조샹뎐치효
도ᄒᆞ므로일홈나므오희셔
효ᄌᆞᄉᆞ당을뎡마랏떠니그
지괴도ᄌᆞ기ᄉᆡ러나ᄇᆡᆨ셩이
다ᄃᆞ라나숨기ᄂᆞᆫ도경이아
ᄋᆞ파경이와ᄉᆞ당을디킈고
잇ᄯᅡ가자피여도ᄌᆞ기아ᄋᆞ
ᄅᆞᆯ주기려ᄒᆞ거ᄂᆞᆯ형도경이
울며일오ᄃᆡ나ᄂᆞᆫᄌᆞ식이ᄌᆞ
라거니와아오ᄂᆞᆫ질의ᄒᆞ고ᄌᆞ
식기져므니내아이모ᄃᆡ죽
거지라ᄒᆞᆫ대아ᄋᆞ도ᄯᅩ울고
닐오ᄃᆡ내지뷔일을다형이
ᄎᆞᆯ화ᄒᆞ니내죽거지라ᄒᆞ
더니도경이구븨여목ᄂᆞᆯ느
리혀네와다ᄒᆞᆯ로비히라ᄒᆞᆫ
대도ᄌᆞᆨ들히서로도라보고
혼ᄇᆞ리니희효ᄌᆞ가ᄆᆞᆫ애혼

道卿引頸

…니ᄒ아 엇디 해ᄒ
…노하 ᄇ리니라

郭道卿四世祖以孝行著鄉里為立孝子祠元初盜起居民多走匿道卿與弟佐卿獨守祠不去俱被執盜將殺佐卿道卿泣告曰吾有兒已長弟弱子幼請代弟死佐卿亦泣曰吾家事賴兄以理請殺我道卿固引頸請刃盜相顧曰汝[illegible]門兄弟若此吾何忍害兩釋之

詩 居民畏盜競逃奔獨守先祠只弟昆孝行固知天所與背教免豎害元孫

弟兄爭死意堪悲賊膽還寒引頸時兩釋只緣誠孝感芳名傳世永無期

곽뎐이계모를ᄀᆞ장효도ᄒᆞ
티니계모세아ᄃᆞᆫ나하다쳐
머잇써늘곽젼이손조뎌름
지어머기며조라기ᄂᆞᆯ다겨
집엄므니과과세간ᄂᆞᆫ화ᄯᅡᆺ
사자거ᄂᆞᆯ곽뎐이알니다가
몯ᄒᆞ야밧티며지비미긔를
을다사오나온거슬가지
고계모를모셔살오게교호
차만술십시아니ᄒᆞ마

郭全事繼母唐古氏甚孝繼母生三子皆幼全躬耕以養既長娶婦各求分財異居全不能止凡田廬器物自取荒瘠朽敗者奉唐古氏以居甘旨無乏

詩 喫著艱辛共備嘗一朝分異可堪傷薄田破器吾當取甘旨無違奉後孃　薛包孝義世稱賢豈料君身更兩全青史昭垂名不泯又從圖畫上新編

오ᄉᆞ ᄯᆞᆯ의형뎨여스시아비
명으로세간노화사더니ᄉᆞ
ᄃᆞᆯ이미평쥬부되얏다가아
비죽거ᄂᆞᆯ지븨와송장ᄒᆞ고
아ᄋᆞᆯ모도와올고어미ᄃᆞ려
닐오ᄃᆡ우리형뎨다티사ᄅᆞᆷ
디여라몯ᄒᆞ니여러히셰만
ᄂᆞᆷ배오이[illegible]니ᄒᆞ어믜난ᄌᆞᆫ
싱이시오나오며묘ᄒᆞ미고
루더아니타ᄒᆞ고죽제제지
빗거스로반ᄂᆞᆫ짓듣ᄒᆞᆯ다갑
ᄭᅡ자시모다ᄒᆞ지사리두어,
히몯ᄒᆞ야셔집뒤헤느름나
모[illegible]드남기ᄒᆞᆫ데보리니
히나게ᄐᆞᆫ사ᄅᆞᆷ이블오ᄌᆡ어
더ᄅᆞᆺ미갊화ᄒᆞ야그러타ᄒᆞ
니라

吳思達兄弟六人嘗以父命析居思達爲開平主簿父卒還家治葬事會宗族泣告其弟曰吾兄弟別處十餘年矣今多破産以一母所生可使兄弟苦樂不均耶即以家財代償其逋更復共居不數年宅後楡柳爲之連理人以爲義所感焉

詩 曾承嚴命各分居憂樂參差十載餘泣告慈親辭感激弟兄和氣塞窮閭

一體而分六箇身悲歡饑飽豈宜偏捐財償債還相聚楡柳終看理亦連

류군량이녜뎌를ᄒᆞ뒤사라
륙촌형뎨동셩ᄀᆞᆺ터니집안
해ᄒᆞᆫ말ᄡᆞᆷᄒᆞᆫ잣깁블아름뎌
히이니ᄒᆞ더라시졀이만난
뉘ᄂᆞᆫ겨치비자티살하ᄂᆞᆫᄒᆞ
여ᄇᆞᆯ옛남긔가마피삿기자
리ᄡᅡᆺ고아노하사화우지지
거ᄅᆞᆫ지빗사ᄅᆞ미황망이너기
더니계지비날오ᄃᆡ시졀이
어즈러워새ᄅᆞᆫ뎌못잇ᄂᆞᆫ
ᄒᆞ닐며사ᄅᆞᆷ이여형뎨각각
ᄯᅥᆺ티사니ᄒᆞᆫᄃᆞᆯ나마그ᄠᅳ들
알고계지블내티며날오ᄃᆡ
비버짓일ᄒᆞ여ᄇᆞ리티니라
형뎨를블러울며니르고다
시ᄒᆞᆫ지사니나라히졍표ᄒᆞ
니라

二倫行實宗族圖

劉君良四世同居族兄弟猶同産也門內斗粟尺帛無所
私隋大業中荒饉妻勸其異居乃易置庭樹烏雛令鬪且
鳴家人恠之妻曰天下亂禽鳥不相容況人耶卽與兄弟
別處月餘密知其計因斥去妻曰爾破吾家召兄弟流涕
以告更復同居貞觀六年表異其門閭

詩 世同産業更同居四代相傳不少踈一婦邪謀寧間
我從教兄弟復如初　斗粟其誰敢自私要同門內給
寒飢滔滔好貨私妻子視此如何不忸怩
寒

댱공예아홉대ᄅᆞᆯᄒᆞᆫ듸사더
니여러님금제다졍표ᄒᆞ시
디후에님금이비봉나거시
다가그지븨히힝ᄒᆞ샤공예
ᄅᆞᆯ블러보시고아ᄋᆞᆷ돌와화
동ᄒᆞᄂᆞᆫ이ᄅᆞᆯ무ᄅᆞ신대공예
죵희브ᄅᆞᆯ주쇼셔ᄒᆞ여ᄃᆡ답
ᄒᆞᆫ뒤죠희예ᄎᆞᆷ을인ᄌᆞ를일
ᄇᆡᆨ나마써젼샹ᄒᆞ니라그ᄠᅳ
ᄃᆡ티ᄑᆡ뎌아ᄅᆞ믜화동치아
니ᄒᆞ교열운이옷밥블골오
아니주거나아랫져몬사ᄅᆞᆷ
이례졀리그르거나서르외
다마다ᄒᆞᄆᆞ로거슬미되ᄂᆞ
니각각셔ᄅᆞᄎᆞᆷ면지빗이
리ᄌᆞ연히화동ᄒᆞ리라

張公藝九世同居北齊隋唐皆旌表其門高宗封泰山幸其宅召見公藝問其所以能睦族之道公藝請紙筆以對乃書忍字百餘以進其意以為宗族所以不協由尊長衣食或有不均卑幼禮節或有不備更相責望遂為乖爭苟能相與忍之則家道雍睦矣

[詩]世人分割不同廬獨有張公九世居帝問由來能睦道但將忍字百來書　禮嚴卑幼欽應頻尊長衣飡或未均忍不出言相責望怡怡家道自相親

딘긍이강ᄌᆔ셔사더니열세
대ᄅᆞᆯᄒᆞᆫᄃᆡ살며일윤아ᄒᆡ모
도와칠ᄇᆡᆨ귀로ᄃᆡ죵이며쳡
ᄋᆞᆯ두지아니코아래우히화
동ᄒᆞ여ᄉᆞ이예잡말이업다
라ᄆᆡ양밥머글제큰집의모
다안자져믄아힐난각별이
돗ᄭᆞ라안치더라가히일ᄇᆡᆨ
이나모ᄃᆡᄒᆞᆫ구유예밥주어
ᄒᆞᆫ가히나아가면모도가
ᄒᆡ다아니먹더라

陳兢居江州自弱至兢十三世同居長幼七百口不畜僕妾上下姻睦人無間言每食必羣坐廣堂未成人者別爲一席有犬百餘亦置一槽共食一犬不至羣犬皆不食

詩 七百餘人未忍分高曾叔姪暨仍雲十三嗣世同炊爨每食長筵列作羣

敦睦家風世所崇兢兢長幼一堂中欲知感化冥冥裏看取槽中百犬同

쳠듕엄이져보ᄅᆞᆯ엇셔지안
이ᄒᆞ야ᄂᆞ몰ᄌᆞᆯ겨주되티옥
시온향ᄒᆞ야ᄒᆞ우치ᄒᆞ더니벼
ᄉᆞᆯ노피되야노ᄑᆞᆯ갓ᄭᅡ이
도ᄂᆞᆫ밧이삼뎨ᄆᆡᆨᄉᆞᆯ사의장
을밍ᄀᆞ라모도아ᄋᆞᆷ의가난
ᄒᆞ니ᄅᆞᆯ이ᄯᅩᆺ뎌니아ᄋᆞᆫ둥애
ᄯᅢ하고어지니ᄒᆞᆫ나ᄒᆞᆯ곤치
야ᄆᆞᄋᆞᆷ아라집거ᄉᆞᆯ내며드
리더니ᄒᆞᆫ나히ᄒᆞᄅᆞᆺᄒᆞᆫ되곰
먹고ᄌᆞᆫ히예깁ᄒᆞᆫᄆᆞᆯ곰이피
며남진계집어리여상ᄉᆞ애
다유여혀주ᄭᅵ라저샹피야
셔ᄂᆞᆫ향교ᄋᆞᆯᄒᆞᆯ분황졔가밧
고애히더보다ᄒᆞ니깁삼쳔
필ᄉᆡᆫ잇거ᄂᆞᆯ서리ᄒᆞ야아ᄋᆞᆷ
과ᄆᆞ올히아노사ᄅᆞᆷ크거나
ᄌᆞᆨ구나다려ᄅᆞᆨᄒᆞ야그깁을

ᄒᆞ더다주라코ᄉᆞᆯ오더아옴
ᄒᆞᄆᆞᄂᆞᆫᄃᆞᆯ히내의ᄌᆞ라ᄀᆞᆫ비
화벼ᄉᆞᆯᄒᆞ거든보고날도아
깃거ᄒᆞᄂᆞ니엇지가ᄆᆞ리오

范仲淹輕財好施尤厚於族人既貴於姑蘇近郭買良田數千畝為義莊以養羣從之貧者擇族人長而賢者一人主出納人日食米一升歲衣縑一匹嫁娶喪葬皆有贍給自政府出歸姑蘇焚黄搜外庫惟有絹三千匹令掌吏錄親戚及閭里知舊自大及小散之皆盡曰宗族鄉黨見我生長幼學壯仕為我助喜何以報之哉

詩 千畝良田豈自圖盡施宗族遍親疎匹衣升食無他費婚葬相扶亦有餘　庫中搜得三千絹一日親知盡散之聊報鄉閭助吾喜相公曾不念家私

뉵구쇠그집이여러ᄃᆡᄅᆞᆯ혼ᄒᆞ
뎌모다사뎌니ᄆᆞᄋᆞᆯ훈ᄒᆞ나
히지아비되여셔호집이ᄅᆞᆯ
긔결ᄒᆞ야ᄒᆞ더라히아다ᄌᆞ
뎨ᄅᆞᆯ골ᄒᆞ여모회집읫일
맛뎌ᄆᆞᆯ외ᄉᆞ틧ᄎᆡ공셰나며
드릐ᄅᆞᆯᄒᆞ며음식ᄆᆡᆼ그라손
ᄃᆡ 접ᄒᆞᆫ길ᄅᆞᆯ각각ᄀᆞ옴아라
읫ᄢᅦ니구쇠ᄆᆞᄅᆞ치며ᄃᆞᆼ계
ᄒᆞᆫ는말로ᄀᆞᆯ치어새배기려
읏듬난이모도ᄌᆞ틔ᄃᆞ리고
ᄉᆞ당의가뵌후에블티고그
글을외와들이더라조제ᄒᆡ
믈이잇거든읏듬나니모ᄃᆞᆫ
ᄌᆞ뎨ᄅᆞᆯ모도고외다ᄒᆞ야ᄀᆞ
ᄅᆞ쵸되고뎌ᄃᆡ아니커든티
고ᄇᆡ좁내고티디몯ᄒᆞ야두
디몯ᄒᆞ야시브거든구ᄋᆡ예

디멀리내티더라

陸九韶其家累世義居一人最長者爲家長一家之事聽命焉歲選子弟分任家事凡田疇租稅出納庖爨賓客之事各有主者九韶以訓戒之辭爲韻語晨興家長率衆弟子謁先祠畢擊鼓誦其辭使列聽之子弟有過家長會衆子弟責以訓之不改則撻之終不改度不可容則言之官府屛之遠方

詩 割戶分門薄俗然義居陸氏事堪傳區分職任由家長出納承迎禮罔愆
韻語丁寧是訓辭晨興擊鼓謁先祠固知有敎元無類誰敢將身蹈匪彝

탕문사그집이열뒤롤ᄒᆞᆫ뒤
사라모도아이뵈마오나모
히려니ᄒᆞ낫돈ᄒᆞᆫ잣깁도아
롬믜로아니ᄒᆞ더라뎡문싀
죽거ᄂᆞᆯ손ᄌᆞ대화니어
집ᄉᆡ엘ᄆᆞ옴아로되디옥엄
졍ᄒᆞ은혜이셔집안히식식
ᄒᆞ야구이ᄯᅳ즈더라조뎨히
블잇써든비록덜이셰니라
도다티타라미양명일ᄭᅴ어
든대홰대령에안써든모도
와보치들히미못ᄯᅳ줄혀좌
티등집의ᄉᆡᆺᄶᅡ가ᄎᆞ례로올
나ᄭᅡ절ᄒᆞ고ᅀᅥ려잔자바헌
슈ᄒᆞ고공경ᄒᆞ야ᄉᆞ맛당ᄒᆞᆫ
ᄭᅩ옷틔크로ᄃᆞ라나오니본
사ᄅᆞᆷ로차탄ᄒᆞ브러ᄒᆞ더라
허권이관아비글롤위ᄒᆞ야

셔동졀티얼ᄭᅡ라ᄒᆞ야조샹
ᄒᆞ니라대화뎡ᄃᆡᄒᆞ야죵이
며도ᄉᆞ의일아니코의식쥬
ᄌᆞ가례대로ᄒᆞ티니ᄌᆞ손이
다효도코삼가더라모ᄃᆞ며
나리돌홀겨집의일만ᄒᆞ이
고집읫공ᄉᆞᄅᆞᆯ참예아니케
ᄒᆞ티라집의두ᄆᆞᆯ로ᄅᆞᆯ두되ᄒᆞᆫ
ᄆᆞᆯ곳나가면ᄒᆞᆫᄆᆞᆯ이울셕
아니며티니사ᄅᆞᆷ이ᄒᆞ되감
화ᄒᆞ야그러타ᄒᆞ더라

鄭文嗣其家十世同居凡二百四十餘年一錢尺布不敢私文嗣沒從弟大和繼主家事益嚴而有恩家中凜如公府子弟稍有過須白者猶鞭之每歲時大和坐堂上羣從子皆盛衣服鴈行立左序下以次進拜跪奉觴上壽畢皆肅容拱手自右趨出見者嗟慕余闕為書東浙第一家以褒之大和方正不奉浮屠老子教必稽朱子家禮而行子孫從化皆孝謹諸婦惟事女工不使預家政家畜兩馬一出則一為之不食人以為孝義所感

詩 怡怡爾爾政連綿十世同居二百年伏臘壽觴遵禮教傍觀嘖嘖嗟羣賢　家法嚴恩冠浙東不尊釋老尚儒風諸孫孝謹皆從化畜物雖微亦感通

왕원뵈이비쥐롤다리밥지
여먹더아니ᄒᆞ아집읫사룸
이원빅이나모쥐ᄉᆞ이예왈
이업더라나랄모도겨집이
며머느리들로ᄒᆞ쥐모다셔
일ᄒᆞ야ᄒᆞ고애텨허두고아
룸도이과슈아니ᄒᆞ티라아
ᄒᆡ올어든모도어미보니조
초아나쳣머이니ᄒᆞ머느리
쥐어버의집의갈제아기롤
두고가면모도며느리모다
쳣머쥐아모아기제ᄌᆞ식인
줄롤모ᄅᆞ며아기도아의제
어민줄을모ᄅᆞ더라원빅의
형셥뵈이죽거놀집의이롤
형의아ᄃᆞ리게맛딘대그아
ᄃᆞ리ᄉᆞ양ᄒᆞ쥐아자비홀거
시라원뵈이날오쥐네승둥

홀ᄌᆞ식이라 네 홀귀시라서
르오래ᄉᆞ양타가 내종애 아
ᄎᆞᆷ아 돌맛디니 후에 나라히
쥐어지다 ᄒᆞ야 홍문셰니라

王元伯四世不異爨家人百餘口無間言日使諸女諸婦各聚一室為女工畢斂貯一庫室無私藏幼兒啼泣諸毋見者即抱哺一婦歸寧留其子衆婦共乳不問孰為己兒兒亦不知孰為己毋也兄宣伯卒即以家事付姪執執辭曰叔父行也叔宜主之元伯曰姪宗子也姪宜主之相讓既久卒以付執至元間旌表其門

詩 四世同炊不折居女工勤聚不私儲兒啼見者相爭乳不問阿孃大少姐　已矣兄亡可得追盡將家事付宗兒一門叔姪相推讓高義堪為後世師

범식이댱원뵉과본향의갈
졔날오뒤ᄒᆞᆺ두히예도라디
나갈제긔그뒤어마님을뵈
ᄋᆞ오링이다날졍ᄒᆞ고그날
이갓가와오거ᄂᆞᆯ원뵉이차
반밍ᄀᆞ라지라ᄒᆞᆫ대어미일
오뒤두히여희여멀니셔날
ᄒᆞᆫ말ᄋᆞᆯ엇디미드료ᄒᆞᆫ대원
뵉이날오뒤거경은유신ᄒᆞᆫ
사ᄅᆞᆷ이라그릇ᄒᆞ지아니ᄒᆞ
링이라ᄒᆞ야ᄂᆞᆯ어미날오뒤
그러ᄒᆞ면술비즈리라그날
애과연히와어믜게절ᄒᆞ고
술머그니거경은범식의지
라후에원뵉이병ᄃᆞ려셔날
오뒤내죽쟈사쟈사괴ᄂᆞᆫ벗
범식을못보애라ᄒᆞ고이윽
고죽으니범식이ᄭᅮᆷ애원뵉

이블러보오뒤거경아버아
모낟죽여아몸셔송장ᄒᆞᄂᆞ
너낟넛셔아너커든미처오
나라범식이돌려가너블셔
발인ᄒᆞ야무들ᄊᆞ해가쇼뒤
곽이아니가거놀그어미곽
을므지며머믈어두고보니
흰물게울고오거놀어미
오뒤이반ᄃᆞ시거긩이로다
거경이왜상여롤두드리며
날오뒤너거라원뵈아길히
다ᄅᆞ니이리셔여히쟈범식
이곽을자바돌의니곽이나
아너거놀거긔이셔뭇고나
무시므고가니라

范式與張元伯並告歸鄉里式謂元伯曰後二年當過拜
尊親乃共尅期日期將至元伯請設饌以候之母曰二年
之別千里結言何相信耶對曰巨卿信士必不乖違母曰
若然當醞酒至其日巨卿果至升堂拜飲巨卿式字也後
元伯疾篤歎曰恨不見吾死友范巨卿尋卒式忽夢見元
伯呼曰巨卿吾以某日死某時葬子未我忘豈能相及式
便馳往赴之喪已發引既至壙而柩不肯進其母撫之遂
停柩移時乃見素車白馬號哭而來母曰是必巨卿也巨
卿既至叩喪言曰行矣元伯死生異路永從此辭式因引
柩於是乃前式遂留止冢次為脩墳樹而去

(詩) 千里相期二載餘眼青堂上見華裾壽觴共進浮春
色始喜吾兒語不虛　白馬馳來是巨卿夢中相感亦
丁寧攀號永訣柩還進誠信應通地下靈

루호의텃벗티공이갈지업
서가거놀루화티공파혼뒤
밥먹오며루호의겨집도티
공의겨집과혼지밥먹은섀
오래거놀치조식이ᄆᆞ장슬
희여ᄒᆞ티니루횡울며치조
식을仔대저일오저티공을
텃벗더니늙고궁박ᄒᆞ여내
게와의탁ᄒᆞᄂᆞ니저졉ᄒᆞ여
야을ᄒᆞ니라ᄒᆞ고티공을죽
도록이바ᄃᆞ니라

樓護有故人呂公無所歸護身與呂公妻與呂嫗同食後護妻子頗厭呂公護流涕責妻子曰呂公故舊窮老託身於我義所當奉遂養呂公以終身

詩 故人投我為無歸　義所當為不敢辭　身勸呂公妻勸嫗　一盤飡糲當甘肥　久寓人情生厭斁　樓公垂涕責妻孥　慇懃奉養終身世　舊意從前誓不孫

촉나라쟝예파군원이되여
벼ᄎᆡ문제양공과사괴더니
양공이일죽고ᄌᆞ식이두어
설도못ᄒᆞ엿새ᄂᆞᆫ댱에두더
다가집을노화사더니양공
의엄어롤텸기더니셰업이ᄀᆞᆺ
티ᄒᆞ야양공의ᄌᆞ식이ᄌᆞ라
거ᄂᆞᆯ겨집얼이고집뎐디며
셰간주어살게ᄒᆞ니라

蜀國張裔先主以為巴郡太守少與楊恭友善恭蚤死遺孤未數歲裔迎留與分屋而居事恭母如母恭之子息長大為之娶婦買田宅產業使立門戶

詩 少結金蘭着意長死生雖異義何忘撫孤將母當如已竟買田莊使主張　友道由來貴不渝張公信義孰能儔世間覆雨飜雲者見此寧無愧汗流

나도죵이모용이강개ᄒᆞ고
곳더니령관적의샹소ᄒᆞ다
가외다ᄒᆞ여남녁희귀향가
디니ᄒᆞᆫ세귀향가며사괴ᄂᆞ
니길헤기병ᄒᆞ여죽을제울
끈날오뎌시ᄅᆞᆷ이주글거시
어니와ᄒᆞᆫ자ᄂᆞ미ᄯᅡ해ᄲᅧᄅᆞᆯ
티디련티도죵여닐오ᄃᆡ나
곳도라오면내죵내그ᄃᆡ모
ᄒᆞᆫ자예잇쎄아니호리라길
ᄉᆡ애믇고갓ᄯᅡ가호히나마
샤나거ᄂᆞᆯ울제맛초와비와
ᄅᆞᆯ이만커ᄂᆞᆯ무듣ᄯᅡᄒᆞᆯ일코
도죵이드르헤셔우노라ᄒᆞ
니믈걸가온대셔ᄉᆡᆷ노손ᄂᆞᆫ
ᄃᆞᆺᄒᆞ거ᄂᆞᆯ도죵이닐오ᄃᆡ주
검곳잇거든다시ᄉᆡᆷ놉라ᄀᆞᆺ
너르니믈이ᄯᅩᄂᆞ솟거ᄂᆞᆯ신

道琮尋尸 唐

톄롤어뎌저여본향의도라
오니라

羅道琮慷慨尚節義貞觀末上書忤旨徙嶺表有同斥相善者死荊襄間臨終泣曰人生有死獨委骨異壤耶道琮曰吾若還終不使君獨留此瘞路左去歲餘遇赦歸方霖潦積水失其殯處道琮慟諸野波中忽若溢沸者道琮曰若屍在可再沸祝已水復湧乃得屍負之還鄉

詩 天涯同謫共辛酸委骨殊方涕自潸珎重臨終盟約在將身何忍獨生還　鷄書似與潦相期草莽江邉失所之一片丹誠天感應波中溢沸豈人為

오보안은곽듕샹의ᄒᆞᆫᄆᆞ올
사ᄅᆞᆷ이라듕샹이궁박ᄒᆞᆫ줄
을어엿비너겨힘써쳔거ᄒᆞ
여쟝셔긔벼슬ᄒᆞ이니후에
듕샹이되게자피여가갑일
쳔필밧고야노하보내려거
ᄂᆞᆯ보안이사셔고져ᄒᆞ되갑
시업서힘써흥졍ᄒᆞ여열
ᄒᆡ만의겨우칠ᄇᆡᆨ필어더뢰믈
주고듕샹을내여오니라후
에듕샹이엄의거상벗ᄂᆞᆫ날
오되ᄂᆡ오보안의덕의사라
나니이제엄이죽으니내빗
ᄂᆡ로ᄒᆞ리라그저긔보안이
나가죽고겨집도죽어셔신
톄ᄅᆞᆯ몯가져왓거ᄂᆞᆯ듕샹이
위ᄒᆞ여상복닙고ᄲᅧ주어여
[illegible]쳔[illegible]여가송쟝ᄒᆞ고

삼년시묘살고보안의조식
ᄃᆞ려다가겨집얼이고제벼
ᄉᆞᆯ을주니라

吳保安郭仲翔里人也仲翔哀其窮力薦之表為掌書記後仲翔被執於蠻必求千縑乃肯贖保安營贖仲翔苦無貲乃力居貨十年得縑七百卽委蠻得仲翔以歸後仲翔居母喪及服除喟曰吾賴吳公生今親沒可行其志時保安容死妻亦沒喪不克歸仲翔為服縗絰囊骨徒跣負之歸葬廬墓三年迎保安子為娶妻而讓以官

詩 投蠻乞救恨家貧力索千縑贖一身負葬服縗還守墓感恩終報再生人

滔滔盡是翻雲手千古稀逢信義中感激恩情期必報兩人高操激頹風

니면이져믄제가난ᄒᆞ여나
가니되여셔션뵈들과ᄒᆞᆫ쥬
인에잇더니ᄒᆞᆫ션비병ᄒᆞ여
주글제은을니면이주며닐
오ᄃᆡ겨틧사ᄅᆞᆷ이모르ᄂᆞ니
그ᄃᆡ이은을날송장애ᄡᅳ고
남거든그ᄃᆡ가디라니면이
그리ᄒᆞ려ᄒᆞ고송장ᄒᆞᆫ후에
ᄀᆞ마니그은을관아래녀코가
다ᄒᆡ에졔집사ᄅᆞᆷ이니면이
ᄅᆞᆯ뵈라가니니면이ᄃᆞ려가
무덤여러은을내여주니라

李勉少貧客梁宋與諸生共逆旅諸生疾且死出白金曰左右無知者幸君以此爲我葬餘則君自取之勉許諾旣葬密置餘金棺下後其家謁勉共啓墓出金付之

詩 逆旅同棲幾苦辛臨終訣語忍堪聞死生付托無相負高義千秋孰似君　葬君餘是爲吾物若取而歸是負心密取餘金棺下置此心皎皎彼蒼臨

셔회의사피ᄯᅩ양방이되니
버렵마자섭해원을가거ᄂᆞᆯ
아옴벗들히지허가보리업
더니셔회ᄒᆞᆫ자멀리가ᄌᆞᆫ숑
ᄒᆞᆫ대지상ᄌᆞᆫ틱예ᄂᆞᆯ오뒤남
해원ᄌᆞᆫ숑ᄒᆞ니의다ᄒᆞ여ᄯᅩ
엇뎔다셔회ᄂᆞᆯ오뒤내벼슬
몯ᄒᆞ지그님해나를아티니
이귀ᄒᆞ야보리랴ᄒᆞ리라ᄒᆞ여
공이나미게ᄂᆞᆫ더나가거든
그리ᄒᆞᆯ거시엇ᄭᅡ틱예그고
ᄃᆞᆫ주ᄅᆞᆯ일ᄏᆞᆺ더라니이교이
셔회ᄅᆞᆯᄎᆞᆫ거ᄒᆞ여감찰어ᄉᆞ
ᄒᆞ여ᄂᆞᆯ가샤례ᄒᆞ고ᄎᆞᆫ거ᄒᆞᆫ
주ᄅᆞᆯ무ᄅᆞᆯ대이교이ᄂᆞᆯ오되
그더양남하ᄅᆞᆯ지여ᄇᆞ리더
안니귀너나라ᄒᆞᆯ지여ᄇᆞ릴
ᄉᆞ리라

徐晦所善楊憑得罪貶臨賀尉姻友憚累無往候者獨晦至藍田慰餞宰相權德輿謂曰君送臨賀誠厚無乃爲累乎晦曰方布衣時臨賀知我今忍遽棄耶有如公異時爲奸邪潛斥又可爾乎德輿歎其直稱之朝李夷簡遽表爲監察御史晦過謝問所以擧之之由夷簡曰君不負楊臨賀肯負國乎

詩 自許相知舊布衣那堪遠謫送將歸一身有累何曾計送至藍田不忍離

相公推薦應非苟稱職終爲御史官不負相知寧負國高名一日上朝端

송나라사ᄅᆞᆷ사되동당갈졔
가난ᄒᆞ여길나지못ᄒᆞ엿거
ᄂᆞᆯ권당ᄶᆞ히돈삼만ᄂᆞᆯ모도
와주니길나가다가아븨벗
텨옹의집의지나드니텨옹
이주거셔송장못ᄒᆞ여그ᄯᆞ
ᄅᆞᆯᄑᆞ라호려커ᄂᆞᆯ사되제쟐
닛돈을다내여주고ᄯᅩ그ᄯᆞ
ᄅᆞᆯ남진얼이게ᄒᆞ니라

查道傾囊 宋

査道淳化中初赴舉貧不能上道親族裒錢三萬遺之道出滑州過父友呂翁家翁喪無以葬母兄將鬻其女以辦襄事道傾槖中錢悉與之又嫁其女

[按]義重財輕見最明貧難赴選亦無營却將親戚裒錢槖都為先人執友傾　元振今亡可奈何倬謀鬻女不謀他槖錢傾與供襄事葬母埋兄濟一家

한역이의나약곡이급뎨몯
ᄒᆞ야신졔다가난ᄒᆞ더니홀
ᄅᆡ셔울동당거셔나도븓졔
서로죵이되더라약곡이몬
져급졔ᄒᆞ여댱샤원ᄒᆞ야갈
졔게집의몰경마ᄒᆞ고한역의
이잡지여끄을못미처ᄒᆞ듸
세노ᄒᆞ여셔블오져끄을사
ᄅᆞᆷ이올가져톄라ᄒᆞ고짐에
다모돈이뉵뵈이잇거놀반
온한역이주고서로잡고ᄆᆞ
장올고가녀호방애한역이
뎨급뎨ᄒᆞ여벼슬참졍지이
ᄒᆞ여혼인ᄒᆞ기를그치디아
니ᄒᆞ니라

韓億李若谷未第時皆貧同試京師每出謁更為僕李先登第授長社縣主簿赴官自控妻驢億為負一箱將至縣三十里李謂韓曰恐縣吏来箱中只有錢六百以其半遺韓相持大哭而去後舉韓亦登第仕皆至參政為婚姻不絶

詩 二子同時舉上都何嫌出謁迭為奴由来貧賤交允密榮辱升沉兩不渝　自控妻驢赴縣時韓生猶復負箱隨分餞道上相持哭從此連姻義莫虧

슌인이ᄂᆞᆫ등엄의아ᄃᆞ리
라등엄이슌인이ᄒᆞ여고솟
고올가믈오빅뎐을비집ᄒᆞ
여오라ᄒᆞᆫ대슌인이나히져
믓티니도라올제단양의ᄯᅴ
만경이ᄅᆞᆯ본대만경이블오
뒤ᄂᆡ오난디두돌이로뒤세
산톄ᄅᆞᆯ빙소ᄒᆞ여두고송장
ᄒᆞ고가려ᄒᆞ니티브러니ᄅᆞᆯ
뒤헙세라슌인이제믈실음
비채다주고혼자집의와아
비뵈끄오쉬엇거늘등엄이
블오뒤게가텟벗본다슌인
이블오뎌만경이시상ᄉᆞ송
장못ᄒᆞ여단양의셔므그며
이져과원진곳토사ᄅᆞᆷ이업
블울뎌업세라ᄒᆞ티니
엄이블오디엇디블살

ᄅᆞᆯ주지아니ᄒᆞᆫ다슌인
ᄒᆞ야ᄉᆞᆯ오ᄃᆡᄇᆞᆯ셔주니이다ᄒᆞ
더라

范純仁仲淹子也仲淹在睢陽純仁到姑蘇搬麥五百斛純仁時尚少旣還舟次丹陽見石曼卿問寄此久何也曼卿曰兩月矣三喪在淺土欲葬而北歸無可與謀者純仁以所載麥舟付之單騎到家拜起侍立良久仲淹曰東吳見故舊乎曰曼卿爲三喪未擧方留滯丹陽時無郭元振無可告者仲淹曰何不以麥舟付之純仁曰付之矣

詩 誰教小范往姑蘇大范親提汗血駒搬到義聲輸老子麥舟五百視錙銖　歸來侍立喜津津不問歸裝問故人倘不麥舟付襄事玆行終是負嚴親

후개화원원을ᄒᆞ니져믄제
븟터신안이와사괴더니신
안이병ᄒᆞ엿거ᄂᆞᆯ셔너예가
의원엇더니도라오지못ᄒᆞ
여셔신안이죽어ᄂᆞᆫᄂᆞᆯ곰더
아니커ᄂᆞᆯ사ᄅᆞᆷ이ᄂᆞᆯ오되후
개ᄅᆞᆯ기도로노라일이벤노
다대렴ᄒᆞᆯ만ᄒᆞ면오리라ᄒᆞ
고소노로민저니ᄂᆞᆫᄂᆞᆯ모
니라신안이ᄌᆞ식업서송장
못ᄒᆞ여ᄒᆞ거ᄂᆞᆯ후개슈고ᄒᆞ
며옷폴라슈공주어내종내
영장ᄒᆞ니라후개부야호로
치온제ᄒᆞᆫ옷닙고잇다ᄒᆞ여
은주리잇티니신안이누의
쳐뎌로인ᄂᆞ줄을보고ᄀᆞ은
을주어결속ᄒᆞ라ᄒᆞ니라ᄒᆞᆯ
호뎔리나갓다가오니집의

셔ᄇᆞᆯ것업세라니르티니마
조아벗곽힝이와놀오뒤며
아비병ᄒᆞ여의원의게고티
라ᄒᆞ니돈뵉만히ᄀᆞᆯ라ᄒᆞ니
비집을ᄑᆞ라도못ᄒᆞ리로
다ᄒᆞ거ᄂᆞᆯ후개어엿비너겨혀
이ᄇᆞ지재집에오거시거의
ᄉᆞᆯ가셔부거ᄂᆞᆯ다주니라

候可為華原主簿少與中顔為友顔病重千里為求醫未
歸而顔死目不瞑人曰其候君乎且斂而可至拊之乃瞑
顔無子不克葬可辛勤百營鬻衣相役卒葬之方天寒單
衣以居有饋白金者顧顔之妹處室舉以佐其奩具一日
自遠歸家以窶告適友人郭行扣門曰吾父病醫邀錢百
千賣吾廬而不可售可惻然計橐中裝略當其數盡與之
關中稱為賢

詩 辛勤千里遠求醫生死那知隔此時張目瞑時靈不
昧鬻衣空相送終儀　郭生罄橐還資急顔妹遺金更
顧窮不負一心生死際華原高義薄層空

한시뎔운챵이ᄒᆞᆫᄀᆞ올오챵
이를스ᄉᆞᆼ사맛더니왕망이
오쟝이올주기고오쟝의졔
ᄌᆞ일쳔나ᄆᆞ니올ᄒᆞᆫ당이라
ᄒᆞ여다금고ᄒᆞ야벼슬못ᄒᆞ
게ᄒᆞ니다곳텨다ᄅᆞ니를스
ᄉᆞᆼ삼더니운챵이제벼슬말
고내오쟝의뎨ᄌᆞ로라ᄒᆞ고
오쟝의신톄를아나입관ᄒᆞ
야송장ᄒᆞᆫ대셔울히일ᄀᆞᆺ더
라왕슌이어디리너겨쳔거
ᄒᆞ여듕낭관태우벼슬ᄒᆞ이
니라

二倫行實師生圖

漢云敞師事同縣吳章平帝時章為博士王莽秉政章忤莽坐腰斬當是時章門子千餘人莽以為惡黨皆當禁錮不得仕宦乃盡更名他師敞時為大司徒掾自劾吳章弟子收抱章屍歸棺歛葬之京師稱焉車騎將軍王舜高其節義薦為中郎諫大夫

詩 吳章忤莽坐腰刑畏禁門人盡更名獨有先生能自劾歛藏骸骨答恩情　式穀成人誨[illegible]師事三如一分當宜先生一舉扶名教此義須令學子知

환영이져믄제셔울가글비
화구강의잇ᄂᆞᆫ쥬보ᄅᆞᆯ셤겨
샹셔ᄅᆞᆯ비호되가난ᄒᆞ여ᄊᆞᆯ
것업셔샹해ᄂᆞᄆᆡ일ᄒᆞ여먹
고셔힘써겨ᄋᆞᆯ이아니ᄒᆞ여
열ᄒᆡᄅᆞᆯ집의와보지아니터
라마초아쥬뵈죽거ᄂᆞᆯ환영
이분상ᄒᆞ여구강의가ᄒᆞᆰ지
여무덤ᄆᆡᆼ글고인ᄒᆞ여이셔
글ᄀᆞᄅᆞ치니뎨ᄌᆞ이ᄇᆡᆨ이나
ᄒᆞ더라

桓榮少學長安習歐陽尚書事博士九江朱普貧窶無資常客傭以自給精力不倦十五年不窺家園會普卒榮奔喪九江負土成墳因留教授徒衆數百人

【詩】生三事一理斯存世乏隆儒孰扣昏桓氏也能知此義奔喪負土報前恩　食貧鄕下習書經十五年來力致精尊寵竟蒙稽古力何曾一字忘先生

위나라권회나히여마은에재
ᄒᆞ고을읫노악은의게가글
비ᄒᆞ더니ᄒᆞ후에악은이장군
하ᄀᆡ의낭쳥이되여가거ᄂᆞᆯ
권회조차가ᄒᆞᆷᄭᅴ자비ᄒᆞ더니
셔울ᄭᅴ여즈러위하묘와악
은이다주거ᄂᆞᆯ권회악은의
톄ᄌᆞᆯ뇌란셔뭉이갈님을
므ᄅᆞ다아니ᄒᆞ고드리가악은
의신톄를간슈ᄒᆞ여가져
오다가ᄯᅩ길히도적안나
ᄉᆞ노ᄅᆞᆯ은다도라나고도적
이곽을헤텨내여ᄡᅳ려거
ᄂᆞᆯ권회울고ᄆᆞᆯ라ᄒᆞᆫ대도적
이이디미너거ᄇᆞ리고가니이
실로인ᄒᆞ솜가니마

三國魏辛招年十餘歲詣同縣樂隱受學後隱為車騎將
軍何苗長史招隨卒業值京師亂苗隱見害招與隱門生
史路等觸蹈鋒刃共殯斂隱屍送喪歸還道遇寇鈔路等
皆悉散走賊欲斫棺取釘招垂淚請免賊義之乃釋而去
由此著名

詩 當年從學在髫稚遇亂師亡最可悲冒刃斂屍還舊
里蒼皇終不負吾師　道逢頑寇亂干戈史路先奔獨
奈何一介丹誠終感賊斫棺幽櫬不能加

양시ᄂᆞᆫ 션비 명도 뎡션ᄉᆡᆼ의게
도ᄒᆞᆨ을 ᄇᆡ화 ᄆᆞᆺᄎᆞ 가 션ᄉᆡᆼ이
죡ᄒᆞᆫ 말ᄉᆞᆷ 놋고 ᄒᆡ 위ᄆᆡᆼ ᄀᆞ라노
콩ᄒᆞᆫ고 ᄒᆞᄒᆡ 비호ᄃᆡ 사ᄅᆞᆷ의
게 유무ᄒᆞ여 알외니라 후에
유자이와 ᄒᆞᆷᄭᅴ 가 이쳔션ᄉᆡᆼ
을 뵈더니 이쳔션ᄉᆡᆼ이 눈ᄭᅳᆷ
고 안잣거늘 물러 뫼셔 셧더
니 [illegible] 그 ᄭᅴ여 그ᄌᆡ
시ᄃᆡ [illegible] 나오ᄂᆞᆯ이 졈그리시
니 가 쉬라 ᄒᆞ샤 문 밧긔 나니
눈이 ᄊᆞ혀 ᄒᆞᆫ자 히러라

揚時得聞道之德[illegible]門[illegible]譽[illegible]門[illegible]

古同學者後與遊[illegible]伊川伊川瞑目而坐二子侍立

既覺謂曰賢輩尚在[illegible]今既晚且休矣及出門外雪深

一尺矣

一 學道歸來道已東山頹梁毀恨難窮寢門慟哭知不

一 喪爲計講坐哀哭從[illegible]吾師之勞亦吾師却與游君[illegible]

事之偶值先生瞑目坐雪深一膝不知疲

二倫行實圖 解題

洪　　允　　杓

二倫行實圖는 二倫인 長幼有序와 朋友有信을 널리 가르치기 위하여 1518年 (中宗 13年)에 金安國이 編纂·諺解하여 刊行한 책이다. 현재 이 二倫行實圖는 여러 가지 異本이 전하고 있다.

1518年에 간행된 것으로 보이는 원간본은 현재 慶尙北道 月城郡에 있는 玉山書院에 소장되어 있다.

그리고 1727年(英祖 3年)에 간행된 것인, 「丁未四月 日 箕營開刊」이란 刊記를 갖고 있는 平安道 刊行本이 있다. 현재 서울대 규장각(도서번호 2074) 등에 소장되어 있다.

또한 1730年에 各道의 監營에서 開刊한 것들이 있다. 각각 「庚戌仲夏上旬日通政大夫守江原道觀察使兼兵馬水軍節度使巡察使臣李衡佐奉 敎刊布」(江原道監營版), 「庚戌六月日 觀察使臣朴文秀 敬奉聖旨 流布各邑 庚戌六月嶺營開刊」(慶尙道監營版), 「庚戌八月 海營開刊」(黃海道監營版)등의 刊記들을 보인다.

그 이외에도 刊記가 없는 異本들도 존재한다.

이 二倫行實圖의 異本 중 原刊本과 1727年版의 平安道監營本은 1978년에 檀國大學校 東洋學硏究所에서 安秉禧 敎授의 정밀하고도 자세한 解題와 함께 影印되어 널리 알려져 있다. 二倫行實圖에 대한 자세한 解題는 安秉禧 敎授의 解題로 미루고 단지 여기에 영인하는 세 가지 異本에 대한 간략한 國語學的 特徵만을 소개하도록 한다.

여기에 영인하는 二倫行實圖의 세 가지 異本은 1727年(英祖 3年)에 간행된 것인, 「丁未四月 日 箕營開刊」이란 刊記를 갖는 것(규장각 도서번호 2074)과 1730年에 慶尙道 監營에서 刊行된 것(규장각 도서번호 137), 그리고 刊記를 알 수 없는 後代本(그러나 그 표기법으로 보아 18세기 後期로 추정된다.)(서울대 가람문고, 도서번호 가람고 170.951-G413i)이다. 이 가람문고본은 序의 앞장인 1a,1b와 目錄의 앞장인 目錄 1a, 1b가 落張이어서 모두 2장이 落張이다.

규장각 소장본의 두 二倫行實圖인 平壤監營本과 慶尙道監營本, 그리고 가람문고

소장본의 표기들을 비교하여 보면, 대개 규장각 소장본은 두 本이 거의 유사한 표기 양상을 보이고 있으나, 가람문고본은 규장각본과는 퍽 다른 표기양상을 보이고 있음을 알 수 있다. 왜냐하면 慶尙道監營本은 平壤監營本의 覆刻에 가깝기 때문이다. 가람문고 소장본에는 규장각 소장본에서 거의 나타나지 않는 t 口蓋音化 현상과 圓脣母音化 현상이 나타나며, 連綴 重綴 表記 양상도 점점 分綴表記로 변해 가는 양상을 보이고 있다.

二倫行實圖의 표기상에 나타난 國語學的 特徵을 도서번호 규 2074를 중심으로 살펴 보면 다음과 같다. (각 異本間의 차이는 뒤에서 表로 보이기로 한다.)

(1) 語頭 된소리의 표기는 ㅅ 계열의 ㅺ, ㅼ, ㅽ 과 ㅂ 계열의 ㅄ, ㅳ이 보인다.

ㅺ : ᄭᅬᄒᆞ야(1a), ᄭᅮ려(8a), ᄭᅮ죵ᄒᆞ야(8a)

ㅼ : ᄯᅩ(1a), ᄯᅡ해(33b), ᄯᅢ(34a)

ㅽ : ᄲᅡ(14a) ᄲᅥ뎌(22b), ᄲᅮᆷ놀라(36a)

ㅄ : ᄡᅳ리라(5a), ᄡᅥ든(5a), ᄡᆞᆯ(6a)

ㅳ : ᄠᅥ나게 ᄒᆞ니(8a), ᄠᅥ러디ᄆᆞᆯ(11b), ᄠᅳᆮ디(21a), ᄠᅳᆯ(26a)

(2) 語末 ㅅ 과 ㄷ 의 표기양상을 보면 어떠한 기준이 없이 ㅅ과 ㄷ이 혼기되어 쓰이고 있다. 가람문고 소장본은 ㅅ 표기가 우세한 듯하다.

ᄀᆞᆺ더니(15a) : ᄀᆞᆮ고(20a), 밧디 아니ᄒᆞ야(16a) : 받더니(5a) 듯디 아니커ᄂᆞᆯ (21a) : 듣고(6a)

뭇더라(問, 15a), 벗디니(34a), 얻다가(6a), 굿더니(36a)

(3) 語末子音群의 표기는 後行音節이 母音으로 시작되면 連綴이 되어 쓰였고, 子音일 경우에는 子音 하나가 탈락되거나 七終聲의 ㅎ 이 있는 경우는 後行音節의 語頭音과 합성되어 有氣音으로 표기된다.

알ᄑᆡ 셰고(1b), 늘거셔(15a), 글 닐그라(17a), 업고(無, 7a), 앏셔(1b), 만코(9a), 올티 아니로다(17a)

(4) 語末 有氣音의 표기는 後行音節이 子音으로 시작될 경우에는 七終聲의 末音으로 표기되었고, 母音일 경우에는 連綴되는 표기와, 七終聲으로 語幹을 표시하고 後行音節의 語頭에 語幹末音을 표기하는 세 가지 양상을 보였다.

(ㄱ) 받과(田, 4a)

(ㄴ) 그츠니라(10a)

(ㄷ) 밧ᄐᆞᆯ(田, 16a), 놉피(19a), 웃닉ᄏᆞ로(31a), ᄀᆞᆺ티ᄒᆞ야(35a), 깁피(48a)

그러나 (1) (3)형이 우세하다.

(5) 重綴表記가 일반적으로 많이 나타난다.

급비(1a), 셰간ᄂᆞᆯ(2a), 복식기(2a), 도ᄌᆞ긔게(6a), 거집비(8a), 니블레(9a)

(6) 分綴表記 양상은 活用에서보다 曲用에서 좀더 일반적이었으나 전체적으로 볼 때 連綴表記가 더 일반적이다.

님금의(1a), 도ᄌᆞ의게(3a), 업이(14a), 플어(10a), 죽을 죄어ᄂᆞᆯ(14a), 밥 먹으며(34a)

(7) ㅎ 終聲體言은 여전히 ㅎ 終聲을 유지하고 있다.

ᄀᆞᆺ나라ᄒᆡ(1a), 길헤(1a), 내ᄒᆡ(7a), 거집들히(7a), 칼ᄒᆞᆯ(9b), ᄆᆞᄋᆞᆯᄒᆡ(12a), ᄠᅳᆯ헷(26a) 아래 우ᄒᆡ(28a)

(8) 母音 間에서 ㄹ-ㄹ의 표기는 ㄹ-ㄴ의 표기로도 나타난다.

말니나(10a), 멀니(14a), 닐너(14a), 말니다가(24a), ᄂᆞᆯ나(48a), 말니다가(24a)

(9) 語頭硬音化 현상은 한 예만을 발견할 수 있었으나, 語末子音의 內破化로 인한 後行語頭音의 硬音性을 ㅅ계 合用並書로 표기한 예가 일반적으로 나타난다.

(ㄱ) ᄢᅮᆷᄒᆞ야(8a)

(ㄴ) 나갓ᄶᅡ가(3a), 잇ᄯᅥᄂᆞᆯ(7a), 맛ᄲᅥ더니(10b), 밥ᄯᅩᆼ만(22a), 지름ᄭᅵᆯ(22a), 길ᄶᅡ에(36a)

(10) 語頭有氣音化 현상은 '칼(9b)'의 한 예에서만 발견되었다.

(11) 圓脣母音化 현상은 규장각 소장본에는 나타나지 않으나 가람문고 소장본에는 나타난다.

(12) 口蓋音化 현상도 가람문고 소장본에만 보인다.

(13) 자음동화 현상이 표기상에 보인다.

손ᄂᆞᆫ(36a) : 숫거ᄂᆞᆯ(36a), 인ᄂᆞᆫ(43a), 쳘니에(千里, 43a)

(14) 格標識는 다음과 같다.

(ㄱ) 主格은 i계 母音下에서는 zero로, 그 외의 母音下에서는 '-ㅣ'로 子音下에서는 '-이'로 나타나며 '-가'는 보이지 않는다.

zero: 어미 삭이와 외ᄒᆞ야(1a), 어미 쥬시 왕상이ᄅᆞᆯ 보제야(10a)

- : 허뮈(4a), 노죄 계모 당시ᄅᆞᆯ 셤교ᄃᆡ(17a), 쥬뵈 죽거ᄂᆞᆯ(45a)

-이 : 도적이(1b), 목용이(7a)

(ㄴ) 屬格은 '-의'가 일반적으로 쓰이고 간혹 '-ᄋᆡ'도 보인다.

님금의 아ᄃᆞ리니(1a), 왕림의 어미(10a), 양공의 업이ᄅᆞᆯ(35a), 아븨 명을(1a), 나ᄆᆡ 준 거슬(5a)

(ㄷ) 對格은 '-ᄅᆞᆯ, -ᄋᆞᆯ, -를, -을'이 모두 보인다.

-ᄅᆞᆯ : 태ᄌᆞᄅᆞᆯ 주기고(1a), ᄇᆡᄅᆞᆯ(1a)

-ᄋᆞᆯ : 주근 주ᄅᆞᆯ(1b), 마ᄅᆞᆯ(5a), 셰간ᄂᆞᆯ(21a)

-를 : 저를 티며(7a), 안부를(15a), 신톄를(44a)

-을 : 명을(1a), 도ᄌᆞᆨ을(3a), 녀름오슬(13a)

(ㄹ) 處格標識는 '-에, -의, -ᄋᆡ, -애, -예'가 보인다.

-에 : 므레(1a), 니블레(9a), 드르헤(10a)

-의 : 방의 가더니(9a), 아츤선날의(21a), 그저긔(23a), 남녁킈 귀향가더니(36a)

-ᄋᆡ : ᄒᆞᆫ 셰간ᄂᆡ(7a), 길ᄒᆡ 도적 만나(46a)

-애 : 집 안해(26a), 길까애 뭇고(36a)

-예 : 대텽 ᄉᆞ이예(15a), 가난ᄒᆞᆫ ᄒᆡ예(16a), 버근 ᄒᆡ예(21b), 구유예(28a)

(ㅁ) 共同格 標識는 子音下에서는 '-과'가 母音下에서는 '-와'가 나타난다.

됴ᄒᆞᆫ 집과 됴ᄒᆞᆫ 밭과(4a), ᄆᆞᄋᆞᆯ과 아ᄋᆞᆷᄃᆞᆯ(8a), 어미와 형뎨(8a), 안해와 첩은(20a), 비와 믈이(36a)

(ㅂ) 造格은 '-로, -으로, -ᄋᆞ로'가 나타난다.

못ᄒᆞᆯ 일로(10a), 이 일로(46a), 댱시졍몽으로(48a), 효도호ᄆᆞ로(23a)

(ㅅ) 與格標識로는 '-의게'와 '-ᄋᆡ게, -ᄃᆞ려'가 보인다.

도ᄌᆞᆨ의게(3a), 형의게(13a), 그듸게(14a), ᄂᆞᄆᆡ게(22a), 어미ᄃᆞ려(25a)

(15) 非自動的 交替를 보이는 名詞들의 曲用形이 보인다.

돗ᄀᆞᆯ(17a), 느릅나모 버드남기(25a), 남긔(26a)

(16) 被使動 接尾辭 '-이'가 보이다.

벼슬ᄒᆞ이니(4a), 쳔거ᄒᆞ이니라(4a), 님군이 드르시고 블너 벼슬ᄒᆞ이시니라(6a)

이상에서 본 여러 가지 특징적인 현상들은 이 자료가 前期 近代國語 모습을 반영하고 있음을 나타낸다.

규장각 소장본의 二倫行實圖와 가람문고 소장본의 二倫行實圖 사이의 表記上의 差異點을 표로 보이면 다음과 같다.

區　分	奎 2074	奎 137	가람문고	出典
어두된소리표기	ᄭᅮ죵ᄒᆞ야	ᄭᅮ죵ᄒᆞ야	구죵ᄒᆞ야	8a
	ᄢᅥ든	ᄢᅥ든	ᄡᅥ든	5a
	사홈	ᄡᅡ홈	사홈	7a
	ᄯᅥ나게ᄒᆞ니	ᄯᅥ나게ᄒᆞ니	ᄣᅥ나게ᄒᆞ니	8a
語末 ㅅ과 ㄷ의 表記	몯ᄒᆞ야	몯ᄒᆞ야	못ᄒᆞ야	1a
	몯주기니라	몯주기니라	못주기니라	1a
	받더니	받더니	밧더니	5a
	얻다가	얻다가	엇다가	6a
	이러ᄐᆞᆮᄒᆞ니	이러ᄐᆞᆮᄒᆞ니	이러ᄐᆞᆺᄒᆞ니	8a
語中 有氣音表記	그츠니라	그츠니라	긋츠니라	10a
	남녁킈	남녁킈	남녁희	36a
重綴 表記	사ᄅᆞ미라	사ᄅᆞ미라	사ᄅᆞᆷ미라	2a
	고을원니 되야	고을원니 되야	고올원이 되야	5a
	도ᄌᆞᆨ긔게	도ᄌᆞᆨ긔게	도적의게	6a
	마리	마리	말리	7a
	성인늬	성인늬	성인의	7a
	옷바블	옷바블	옷밥블	8a
	음식기	음식기	음식이	15a
母音間 ㄹㄹ 表記	블러	블러	블너	6a

語中 된소리 表記	잇ᄶᅥ늘	잇ᄶᅥ늘	잇거늘	7a
	엇ᄯᅵ	엇ᄯᅵ	엇디	7a
	갓ᄶᅥ늘	갓ᄶᅥ늘	갓거늘	16a
	즈름낄	즈름낄	즈름길	22a
	웃씁나니	웃씁나니	웃듭나니	30a
圓脣母音化	져믄	져믄	져문	2a
	두 븐이	두 븐이	두 분이	9b
	믄득	믄득	문득	10a
	져므도록	져므도록	져무도록	15b
口蓋音化	말리디	말리디	말리지	1a
	가디 말라	가디 말라	가지 말라	1a
	어디다(賢)	어디다(賢)	어지다(賢)	4a
	주기디	주기디	주기지	6a
	디나드니	디나드니	지나드니	40a
	흥정질	흥정질	흥정딜	37a
	몯디 아니며	몯디 아니면	몯지 아니면	15a
「、」의 表記	이웃 다 ᄢᅥ든	이웃 다 ᄢᅥ든	이웃 다 써든	5a
	도ᄌᆞᆨ긔계	도ᄌᆞᆨ긔계	도적의계	6a
	드르시고	드르시고	드ᄅᆞ시고	6a
	저를	저를	저ᄅᆞᆯ	7a
	사름이여	사름이여	사ᄅᆞ미여	26a
	ᄉᆞᄅᆞᆯ	ᄉᆞᄅᆞᆯ	ᄉᆞ를	40a

參考文獻

南基卓(1981), 二倫行實圖의 國語學的 研究, 江原大學校論文集 15.

朴永순(1973), 二倫行實圖---나의 稀觀本---, 圖書館 182.

安秉禧(1978), 二倫行實圖 警民編諺解 解題, 影印本 二倫行實圖 警民編諺解, 檀國大 東洋學研究所.